女神制造 05

素颜女神

听肌肤的话

冰寒 著

LISTEN TO
YOUR SKIN

青岛出版社
QINGDAO PUBLISHING HOUSE

图书在版编目（CIP）数据

素颜女神：听肌肤的话 / 冰寒著. -- 青岛：青岛出版社, 2016.8

ISBN 978-7-5552-4497-4

Ⅰ.①素… Ⅱ.①冰… Ⅲ.①女性—皮肤—护理—基本知识 Ⅳ.①TS974.11

中国版本图书馆CIP数据核字(2016)第199021号

书　　名	素颜女神：听肌肤的话
著　　者	冰　寒
出版发行	青岛出版社
社　　址	青岛市海尔路182号（266061）
本社网址	http://www.qdpub.com
邮购电话	13335059110　0532-68068026
策划编辑	刘海波　周鸿媛
责任编辑	曲　静
封面设计	古涧文化
设计制作	宋修仪
制　　版	青岛帝娇文化传播有限公司
印　　刷	青岛海蓝印刷有限责任公司
出版日期	2016年11月第1版　2018年8月第12次印刷
开　　本	16开（860mm×1092mm）
印　　张	14.5
字　　数	200千
印　　数	91601-107600
书　　号	ISBN 978-7-5552-4497-4
定　　价	42.00元

编校质量、盗版监督服务电话　4006532017　0532-68068638

建议陈列类别：美容类

序

　　爱美之心人皆有之。随着社会和经济的发展，人们对美的追求愈加强烈，催生了繁荣的美容护肤产业、繁多的化妆品，以及层出不穷的美容方法，给消费者带来美的享受。

　　但是，由于皮肤科学和化妆品科学尚在发展之中，许多问题还没有得到很好的研究和解释，因此日常生活中许多关于护肤的问题长期困扰着消费者。消费者缺乏必要的美容皮肤科学基础知识，也常常因为过度追求美而采取一些过激甚至可能对皮肤造成伤害的方法或产品，后悔莫及。

　　普通消费者要掌握美容皮肤科学的基础知识并不容易，美容皮肤科学专业著作大多因过于艰深而不适合普通人阅读；美容皮肤科学是一个跨专业学科，不仅涉及皮肤科学，还涉及化妆品科学，涵盖的知识范围十分广泛，因此十分需要一本通俗易懂、密切贴近生活实际、又不失严谨专业的护肤科普书籍，为大众日常护肤提供可信的指导，本书应运而生。

　　本书的作者冰寒是一位跨界进入皮肤科学界的研究者，也是我最特别的学生之一。他有多年的美容护肤行业从业经历，在日常生活中密切关注和收集来自爱美人群的护肤问题、烦恼，并就大众感兴趣的问题以实验的方式进行求证，为此，甚至建立了中国第一个非营利性私人皮肤科学实验室，配备了多台高水准皮肤科学研究仪器。针对大众感兴趣的皮肤科学问题，他设计了大量的实验，孜孜不倦地进行探索，其中部分成果已发表于国际和国内高水平皮肤科学杂志。

　　以大众容易理解的语言叙述科学主题，并不是一件容易的事。用语过于生活化，就容易显得专业性不足；照顾专业性，又常常让话题变得不易理解。本书在这方面做了有益的尝试，每一节在简洁地叙述主要的观点与建议后，通过小链接、小贴士、答疑等方式把更深入的讨论加以呈现，供有兴趣的人士进一步阅读了解。

　　总之，本书中既有作者的研究学习成果，也引用了大量的前沿研究文献，深入浅出地介绍了皮肤科学最重要的基础知识、化妆品配方知识以及日常生活常见的问题，对日常生活中常见的护肤误区进行了澄清，还提出了大量独特而有价值的观点，例如护肤的钻石原则是"不伤害肌肤"，护肤要把握"三个平衡"等。它无疑会是爱美人士的美丽伴侣，对大众的美容护肤提供良好的指导。

（签名）　皮肤科教授

解放军空军总医院皮肤病医院院长

国家化妆品标准委员会副主任委员

虽然时光不可倒流，岁月终会老去，然而通过科学理性的护肤方法，比实际年龄看起来年轻10岁是可以做到的。

愿美丽和健康与你相伴！

冰寒

目录
CONTENTS

第四篇

04 给肌肤的特别呵护

第五篇

05 内调养颜

第六篇

06 破解美容谣言

第一篇

01

重新认识皮肤

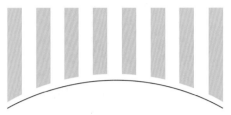

皮肤生而最美，
为什么会变差呢？

欢迎来到护肤的新世界！

每一个婴儿的肌肤都白嫩无瑕——你的肌肤也曾如此完美。这提示了两个至关重要的问题：

　　1. 为什么新生儿的肌肤如此完美？

　　2. 为什么后来肌肤不再完美？

　　答案是：肌肤是一个精妙的系统，婴儿的肌肤保持着完美的平衡和协调。也就是说，如果你的肌肤能够恢复和重建这种平衡，你的肌肤将再次接近完美。

　　作为学习如何护肤的第一步，我先使用一张皮肤解剖结构图来说明这种平衡是什么，以及肌肤是如何维持这种平衡的。

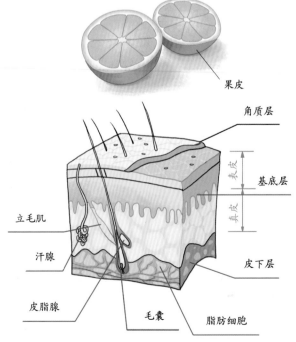

果皮

角质层

表皮

基底层

真皮

立毛肌

汗腺

皮脂腺

毛囊

脂肪细胞

皮下层

关于皮肤的那些数字

全身皮肤的面积是 1.5~2 平方米，皮肤的重量约占体重的 16%。

皮肤的厚度介于 0.5~4 毫米之间，最薄的部位在眼周和阴囊，最厚处在脚跟。

皮肤可分为三层：表皮（表皮又分为 4~5 层）、真皮、皮下脂肪。

皮肤的 pH 值介于 4.0~7.0，最高可达 9.6；但正常情况下，应当是弱酸性的。pH 持续过高会引起多种问题。

表皮含水量为 10%~30%。

角质层细胞每 28 天更新一次（面部为 14 天）。

皮肤的黑色素细胞数量介于 10 亿至 20 亿个；每个人出生时黑色素细胞的数目就已经固定了。

我认为，皮肤至少要维持三大平衡才能健康：

新生和褪谢的平衡

如图所示，皮肤最上面一层是表皮，而表皮又分为 4~5 层，最重要的是位于最外面的角质层和最里面的基底层。角质层是肌肤最重要的保护屏障，没有它，皮肤无法留住水分，不能隔离微生物和有害物质，也无法抵抗紫外线。基底层细胞以 14~28 天为一个周期逐步由内而外生长，穿透中间的几层，最后演化为角质层。

【失去平衡的后果】

·角质层脱落、去除过多——将使皮肤保水能力严重受损，损失可达 90%；皮肤对外界各种物理、化学刺激的抵抗力变低，进而会变得干燥、敏感，易感染微生物并进一步出现各种皮肤问题。

·角质层过厚——皮肤容易干燥、脱屑，肤色暗沉。

冰寒提醒 »

保护皮肤的完整健康、维护皮肤的正常更替，是最基础、最重要的护肤任务。

水油平衡

汗腺、皮脂腺会分泌水分和油分来滋润皮肤，当然还有天然保湿因子（NMF）等来保持角质层的含水量。正常情况下，肌肤既需要水，也需要脂类和其他保水的成分。

在角质形成细胞之间还分布着精密结构和一定比例的脂类，它们对维护肌肤屏障完整健康、防止水分过快流失起着重要作用。

【 失去平衡的后果 】

·水分过多——会导致角质层含水量过高而发生松解，外界不利因子将更易穿透皮肤，让皮肤变得敏感，甚至还会诱发急性粉刺。

·油分过多——会导致毛孔粗大、皮肤易发黄、油光满面，细菌等微生物也更易于繁殖，甚至会引发皮肤炎症。

·水分或油分过少——都会导致皮肤干燥、粗糙。

冰寒提醒 »

不能让皮肤缺水，也不能让皮肤含水量过多。保湿是终生要做的工作。

不能让皮肤缺乏油脂，也不能有过多油脂。要避免过度补水，也无须过度补油。

侵袭与抵抗平衡

肌肤每天都要面对许多有害因素的侵袭，如紫外线、有害微生物、各种有害的化学物理因子等等。但肌肤的结构具有一定的防御力，能够自行对损伤进行修复。

【 失去平衡的后果 】

若损伤因素的破坏大于皮肤的防御和修复能力，就会伤害皮肤：例如肌肤本身有一定的抗紫外线能力和自我修复能力，但这种能力也是有限的，接受紫外线过多，就会造成损伤的后果。其他如细菌感染、黑色素增多、色斑加重等等，均可以有损伤过程参与。

冰寒提醒 》
需要保护自己皮肤的完整性和健康度，提高皮肤的抵抗力；同时尽量避免外界损伤。

以上三种平衡，任一平衡被破坏，皮肤都会变差。那么，这些平衡在什么情况下会被破坏？如何重建平衡，让肌肤保持最好的状态？这正是接下来将详细讨论的问题。

小链接

皮肤屏障

皮肤角质层细胞、细胞间脂质，以及覆盖在皮肤表面的皮脂膜，组成了皮肤最外层最基本的保护层，被称为"皮肤屏障"。任何护肤行为，首先都必须保护皮肤屏障的完整。破坏皮肤屏障的后果十分严重：皮肤敏感、皮肤缺水、皮肤刺痛、黄褐斑以及细菌、真菌的机会性感染都与皮肤屏障被破坏密切相关。皮肤表面的正常菌群，为皮肤构建了一层生物屏障，这层屏障的重要性正在被越来越多的人所了解。

关于衰老性皮肤

(1) 衰老性皮肤角质层更新所需的时间大约是年轻时的 2 倍，所以衰老性皮肤的角质会变厚，皮肤光泽变差；

(2) 细胞的水分较年轻时减少 25%~35%，皮肤紧致度下降；

(3) 汗腺数量随着年龄增长而减少，汗液滋润不足，散热变差（易中暑）；

(4) 皮肤中的胶原蛋白比年轻时可能会减少 50% 以上；

(5) 每老 10 岁，黑色素细胞数量会减少约 10%，这意味着衰老性皮肤更易受到日光伤害。

理性护肤的
三大原则

我一直倡导"理性护肤"，下面就是我总结的理性护肤的钻石、黄金、白银原则，可作为护肤的总体指导原则。

护肤钻石原则：不要去伤害它

相信读者现在已经认识到：每个人的肌肤天生就是很好的。好肌肤的秘密在于健康和平衡——如果不对肌肤施加伤害，它就可以很好。

然而，破坏肌肤健康的因素非常多：既有来自身体内部的，也有外在的原因。

从内在来说，衰老是基因预先设定的。每个人从出生开始，肌肤就在迈向衰老之路，直到某天变得十分苍老，这是由自然规律决定的。我们暂时还没有方法逆转衰老过程，但在一定程度上可以做到延缓。一般而言，女性二十五岁左右的皮肤是一生中状态最好的，但从此以后就会逐步变差，三十岁前后会出现肉眼可见的衰老征兆；生宝宝之后，则因为劳累和营养损失巨大，肌肤护理也会迎来较大挑战。

外在原因包括生物、物理、化学和人为因素，这些因素是可以控制和预防的。认识到这一点，我们就可以采取正确的护肤措施，从而拥有同等年龄下的最佳肌肤状态——可以毫不夸张地说，若坚持理性护肤，比同龄人看起来年轻 10 岁是可以做到的。

肌肤杀手黑名单

问题	说明
护肤不足（不使用护肤品、水油补充不足、紫外线防护不足）	不使用任何护肤品、水油补充不足，皮肤缺乏必要的滋润和营养；紫外线防护不足，会导致皮肤老化加速，弹性减弱，黑色素增多，甚至晒伤
不注意护肤品的测试	可能使皮肤产生过敏或刺激症状，处理不当，可能会引起严重后果
使用不安全的护肤品	主要是指使用非法添加激素、重金属类成分的护肤品，以及一些本身就具有较强刺激性的护肤品
美容术后处理不当	激光、磨削、换肤之后，若不注意保护和修复，或者单纯使用激素类药品抗炎，可能会导致皮肤损伤
生活习惯不健康	熬夜、饮食不当、抽烟、酗酒、沉溺于夜生活、长期压力过大等一切影响健康的行为，都会影响皮肤状态
过度追求速效美容	冰冻三尺非一日之寒。肌肤的良好状态，不可能是一夜之间就能达成的，采用有危险的产品或方法，如激素、重金属、不加区别地换肤等，这些也会伤害皮肤
日光（紫外线）伤害	紫外线无处不在，皮肤的外源性衰老绝大部分是紫外线造成的，因此皮肤衰老的诸多症状被称为"光老化"
气候因素影响	干燥的气候下，皮肤容易缺水，无光泽；湿热的气候下，皮肤则容易出油、长痘、毛孔粗大。因此，根据气候和肤质采用适当的护肤方法很重要

续表

问题	说明
生活和工作环境影响	空调房内不通风，极易导致空气污浊、干燥；电脑的热辐射则会导致皮肤缺水
化学性因素刺激	酸、碱、刺激性物质会灼伤、刺激或慢性损伤肌肤
生物因素影响	各种有害细菌、病毒、真菌、寄生虫、某些植物等。可引起炎症、感染、过敏等多种皮肤问题

[小贴士]

紫外线是肌肤的"头号杀手"

在所有导致皮肤老化的因素中，紫外线是最重要、最关键的。紫外线使肌肤的胶原和弹性蛋白分解变性，使表皮层异常增厚、色素增多。年轻的肌肤中胶原蛋白纤维粗壮，条理清晰，年老了就变成一团糟，肌肤弹性下降、水分流失、粗糙、黯淡、长出皱纹。所以防晒是最基础、直接、有效、简单的护肤方法。本书将会详细叙述如何防止肌肤的光老化。

护肤黄金原则：正确选择和使用护肤品

不管护肤品的价格高低，是国产还是进口，只有适合自己的，才是最好的。

多年来，我不断遇到那些使用不适合自己的护肤品的人，最严重的已经接近"毁容"，其中有一些人，使用的是极昂贵的护肤品，但肌肤状态并不理想。这说明：肌肤的好坏，与护肤品的价格并不完全呈正比关系。

要选择适合自己的护肤品，首先需要准确地了解自己的肤质，以及皮肤问题产生的原因——即倾听肌肤的声音。在本书中，我希望能给大家提供一些基础的建议，未来希望能研发一套系统，大家只需在网上做完简单的测试，就可以得到相对准确的判断和建议。

显然，我们还应对护肤品有基本的了解。现在的护肤品，名目众多，成分也十分复杂。因此，了解护肤品，对很多人来说有点挑战性。我将在书中简要介绍护肤品是怎么回事，主要由哪些部分组成，以及鉴别不良护肤品的小窍门。

护肤白银原则：护肤不仅是护肤品的事儿

如前所述，皮肤的好坏取决于它是否健康——不仅包括生理层面的营养状况、疾病状况、结构完整性，心理状态、生活方式、饮食习惯等也都是影响肌肤状态的重要因素。一般来说，营养和健康状况良好、心情愉快的人皮肤总是更好些。因此，不能仅仅依靠护肤品来保养皮肤，它们所起的作用是有上限的。我将在本书中进一步说明肌肤护理在健康营养方面的注意事项。

认 识 肤 质

认识自己的肤质是护肤的基础。

我们时常听到肤质的鉴别方法：洗脸后看皮肤紧绷多长时间，用纸巾按压看油分状况，用闪光灯对着脸拍照看反光，等等。在皮肤学上，还有一些其他的复杂分类系统。

这些方法具有一定的参考价值，但从判断方法的表述上来看，对普通读者来说有些复杂。其实，每个人都可以轻松地对自己脸上的油分和水分状况有个清楚而直观地了解，例如：

· 整日油光满面——油性肤质；

· 仅在额头、鼻子和下巴经常有油光，脸颊并没有油光——混合性肤质；

· 肌肤状况非常好，不油不腻，平整光滑健康——中性肤质；

· 总是感到紧绷、缺水，冬季容易脱屑皲裂，皮肤薄且易起干纹——干性肤质。

面部的分区

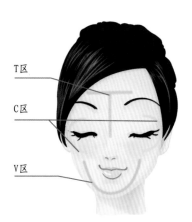

T区

C区

V区

肤质是可变的

肤质可能会随着年龄和季节、地域、护肤方法而变化——所以护肤品、方法也应随之改变。比如：

·在儿童时期，皮肤多以中性或干性为主，进入青春期，部分人会向油性、混合性分化。

·随着年龄增长，皮脂分泌会减少，肌肤会向少油的混合性、干性肌肤转变。

·若服用某些药物，如维A酸，会强烈抑制皮肤油脂分泌，油性肌肤会向中性混合性或敏感性肌肤转变。

·冬天皮肤油脂分泌减少，夏天皮肤油脂分泌增多，所以油性和混合性肌肤冬天会向中性、混合偏干性肌肤转化，夏天是中性、混合性肌肤，到冬天可能转为偏干性肌肤。

·南方地区中性肌肤的人到了北方，可能会因皮脂分泌不足而变为干性肌肤（缺水），所以，这种肤质的人在南方时可能根本不需要考虑保湿问题，在北方保湿却成为必修课。

肤质的类型、特点和护理要点

肤质	优点	缺点	易发问题	护理要点	护肤品方向
混合性	不是很明显	需要分开护理油性区和干性区（这点很容易被忽略）	干性区肌肤易敏感损伤，油性区肌肤易起黑头、毛孔粗大或长痘	根据不同肤质区域分开护理	根据不同区域状况选用适合的产品，T区注重控油，V区注重补水保湿和防止损伤
干性	不易长痘，不易有黑头，不会油光满面	薄，保水力差，缺乏油脂，弹性差，无光泽	细纹、色斑、晒伤晒黑、皴裂、敏感	补水、补油、防晒、防止损伤、补充胶原蛋白	选用温和无刺激、无酒精、滋润性好的产品，注重内调
油性	耐受力强，滋润，不易晒伤，不易长皱纹	油脂分泌过于旺盛	易长黑头、粉刺、痘痘、毛孔粗大，某些嗜油微生物可以过量繁殖而造成炎症等	清洁、控油，充分补水和保湿	清爽的配方，清洁力足够但是不损伤肌肤的洁肤产品、具有收敛控油效果的面膜、果酸等具有一定去角质功能的护肤品（油性敏感肤质例外）
敏感性	有时候看起来很美	保水力差、抵抗力弱、皮肤屏障不完整，属肌肤的非健康状态	发红、刺痛、易发疹，容易感染、晒伤	修复、抗炎，防止各种刺激和损伤，防止日晒	温和无刺激的产品，含有镇静修复成分，如：EGF因子、红没药醇、茶多酚、维生素E、天然矿物质（硒、锶、锌、钙）等
中性	细嫩有弹性，水油平衡	无	完美肤质，基本没有易发问题	首要目标是防止损伤，保持现有状态	参照干性肤质养护

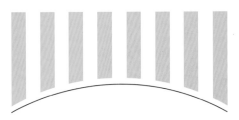

你是敏感性肌肤吗？

敏感性肌肤，作为一种肤质类型近年来才被认可。有很多女性肌肤已经敏感了还不自知，就不能及时得到恰当的护理。

敏感性肌肤的主要表现是皮肤受损，角质层薄，细胞间脂质缺乏或成分紊乱，耐受度低，保水力差，所以当遇到冷、热、酸、碱等物理、化学刺激的时候，很容易发红、刺痛；非常容易被晒伤；缺乏正常皮肤的防御能力，很容易受到微生物损伤和攻击。

小心"后天敏感"

敏感性肌肤可分为先天和后天两类。近些年来，由于对护肤的重视，不少女性过度护肤，例如过度清洁、过度去角质、做面膜过多、涂太多护肤品、追求速效美容等，这些行为破坏了皮肤，敏感性肌肤的比例越来越高。

若你是狂热的护肤品爱好者，且肌肤有以下特征时，应当考虑是敏感性肌肤，必须立即停止伤害肌肤的做法，并且采用修护措施，让肌肤重新获得健康。

1. 皮肤看起来薄得透明；

2. 面部隐约有红血丝或经常潮红，对轻微的冷、热风吹都有很明显的反应；

3. 皮肤经常觉得紧绷缺水，秋冬季非常容易脱皮；

4. 使用某些护肤品时皮肤刺痛，甚至流汗都会刺痛；

5. 毛孔经常起疹子、小颗粒，有的会发炎，但并不存在角质厚的情况。

典型的敏感性肌肤（照片由齐显龙博士提供）

冰寒提醒 》

任何类型的肌肤都可能变成敏感性肌肤。

美国迈阿密大学鲍曼博士把皮肤是否敏感、是否容易色沉、油或是干、松弛还是紧致这四个因素进行交叉组合，得到 16 种肌肤类型。所以很多人认为混合性、油性皮肤不会敏感，其实是个误区。

混合性敏感肌肤的外在表现，通常是 T 区比较油，而 V 区干燥敏感。

"外油内干"的真相

油性敏感肌就是大家常说的"外油内干"肌，既有发达的皮脂腺分泌多量油脂，造成毛孔粗大，又因皮肤屏障损伤而保水力不足，所以虽然看起来很油，实际上经常感到干燥。另有部分人的"外油内干"肌则是由于患了脂溢性皮炎、玫瑰痤疮或者某种皮炎。

因为分泌油脂过多，这类人常常有过度清洁的倾向（例如拼命去角质、拼命洗脸、没化妆也要卸妆，希望把油洗掉），这会让肌肤的保水能力进一步削弱，导致肌肤更易缺水。

因为毛孔较大，所以很多人喜欢用 BB 霜或粉底液遮盖，晚上再卸妆，一化一卸，对肌肤造成了双重伤害。

皮肤过油和脂溢性皮炎常常与雄激素水平过高有关，也有可能与某些真菌、细菌相关。

就这个话题，我在微博上征集了 100 多位认为自己是"外油内干"性肌肤的读者分享护理心得，得出的基本结论如下：

· 单纯吸油是没有效果的。例如：用泥状面膜、吸油纸，无法从根本上减少油脂分泌。

· 去角质也不能从根本上改善出油状况。例如：坚持做清洁面膜、用含有水杨酸的护肤品等。

· 单纯补水也不能改善肌肤状况。例如：每天敷补水面膜、喝大量的水等。

· 凡使皮肤获得改善——滋润感增强、油腻感减少的，都会既注意补水，又注意保湿。

冰寒提醒 »

对于外油内干肌，护理的建议为：

1. 停止过度清洁的行为，不要拼命去角质，要改为适度清洁。

2. 减少油脂分泌，如用薰衣草纯露做爽肤水或面膜，用含有维生素 B_6、丹参、维生素 B_3 等成分的产品，从根本上减少油脂分泌。

3. 必要时做医学检查，抑制真菌、毛囊虫和细菌，防止这些外在因素的侵害。

4. 补水并且保湿，修复皮肤，注意防晒，防止皮肤受到其他损伤和刺激，恢复肌肤的健康屏障。

5. 注意喝水、补充有助于身体保水的食物如胶原蛋白、水果蔬菜、菌菇等，少食油腻和辛辣、高脂、高碳水化合物类的食物。

6. 脂溢性皮炎的肌肤与单纯的敏感性肌肤不同：它可能存在多种病因，例如真菌感染，这种情况需要请医生帮助治疗，而不是单纯寄希望于通过护肤品来改善。

第二篇 02
肌肤护理基础课

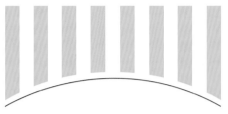

开始护理前你需要
知道的

曾有很多苦恼的女性向我求救：

"我看很多文章都写洁面后要先用爽肤水，之后才能用其他护肤品，但又看到有的老师说应该先用乳再用水，甚至有的人说不要用爽肤水。还有，许多明星都说自己一天一片面膜，是保持肌肤美丽的秘诀，于是我也每天使用一片面膜，刚开始肌肤状态的确很好，但坚持一段时间之后肌肤会变得很差。到底怎样的护肤方法和顺序才是对的呢？每天使用一片面膜真的对肌肤有利吗？"

在资讯发达的网络时代，每个人都可以自由公开地分享各种方法和主张，但我们在更容易获取资讯的同时，也面临着信息泛滥的窘境。

窃以为，各种不同的护肤方法，大体上可分为日常护理和密集护理两大类。为避免损伤皮肤，密集护理不能当作日常护理，这是一条非常重要的原则。在此基础上，我们再来谈各种具体护理措施的方法和注意事项。

什么是日常护理？

日常护理是每天都要进行的肌肤护理，比较轻柔，通常情况下不会对皮肤产生损伤。例如：洗脸、补水、保湿、防晒等。

什么是密集护理？

　　密集护理是指有特定目的的护理方法，以求在短时间内达到某些效果，只能定期进行，对皮肤可能有一些刺激，使用过度则会损伤皮肤，例如：敷面膜、去角质、去黑头、深层清洁、去美容院做皮肤护理等。

护肤的程序

正常情况下每天都应当对肌肤做护理，护理的程序可以复杂，也可以简单。

【基本顺序】

① 洁面→②爽肤水→③眼霜、乳液／霜→④防晒／隔离→⑤彩妆

在此基础上可以根据需要增减变化。

【美白或抗衰】

希望美白或者抗衰老的肌肤，可以在爽肤水后使用相应的精华液；

① 洁面→②爽肤水→③精华→④眼霜、乳液／霜→⑤防晒／隔离

【夏季】

夏天如果感到肌肤比较油腻，可简化为：

① 洁面→②爽肤水→③精华、眼霜（或啫喱）

① 洁面→②爽肤水→③眼霜（或啫喱）、乳

【痘痘肌】

若有痘痘，则需要对痘痘使用针对性的产品或者定点护理，在洁面后立即使用具有"治疗"性质的护肤品或药品：

① 洁面→②药物／针对性护肤精华→③后续产品

总的原则是符合肌肤的需要，令人感到舒服，每个人都可以根据自身状况加以调整甚至可以简化或只使用一两件产品。

接下来，我们来看看各个步骤该如何做吧！

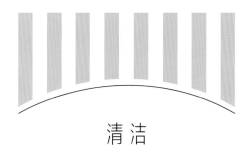

清 洁

清洁是最重要的基础护理，其作用是清除皮肤表面多余的油脂、污垢、细菌、脱落的角质，促进护肤品吸收。因为面部皮脂腺发达，分泌的油脂多，暴露于空气中的时间长，所以面部皮肤也更脏，自然清洁方面也要加倍注意。

清洁有度

不过，"做好清洁"≠"拼命清洁"。我提倡的清洁原则是"充分且适度"。无论清洁不足，还是清洁过度，都是有害的。

【清洁不良】

清洁不良特别不利于油性、混合性肌肤。

清洁不良会导致肤色黯淡、油光满面、毛孔堵塞，常见黑头、粉刺、毛孔粗大、痘痘，毛囊虫、微生物过度繁殖等。

【过度清洁】

洗脸时间过长、每天洗脸三次以上、过度使

用去角质产品、频繁使用清洁力过强的产品、长期不恰当地使用化妆棉、海绵、洗脸刷等都属于过度清洁。

有些人认为洗得越干净越好，所以用卸妆油代替洁面乳、用化妆棉代替手来摩擦皮肤，这些行为都对皮肤屏障有很大损伤。如前所述，当损伤速度大于修复速度，皮肤就会出现问题。

身体的肌肤也是同样的道理。如果过多使用了清洁剂，有可能导致皮肤脱脂过度，冬天更易引起脱屑和瘙痒，所以并不是每天都需要用沐浴液洗澡。

过度清洁还会降低皮肤免疫力、破坏皮肤正常菌群，甚至有研究认为过度清洁皮肤会使抑郁症发生率增加[1]。

不同肤质的清洁技巧

【 油性和混合性皮肤 】

应选择有良好清洁力的洁面乳认真清洁肌肤，建议用温水洁面，早晚均要进行，每次洁面的时间不应短于一分钟，而非清水抹一下就了事。混合性皮肤应重点清洁 T 区和发际线。先用温水打湿脸部，再用手将洁面乳打出丰富细腻的泡沫，再打圈按摩、清洁，要特别注意面部的死角。

【 干性、中性、敏感性皮肤 】

适度清洁即可，应选择温和的非皂基洁面乳，不建议用磨砂型产品，洁面时间可以短一些。敏感性皮肤不能用太热或太冰的水，也不建议用冷热水交替洗脸。这几类肌肤不是每次洗脸都必须使用洁面乳，在水油比较平衡的情况下，早上甚至只要用清水洗脸就可以了。

用了彩妆要卸妆怎么办？

我的建议是：尽量少用厚重彩妆，以轻薄一些的淡妆为宜。尽量用手轻柔地卸妆，而不是其他卸妆工具。在卸妆产品中，卸妆乳在清洁能力与对肌肤的刺激性间达到了较好的平衡，因此一般情况下，建议首先选用卸妆乳。

从成分上看，彩妆产品一般不以向皮肤提供营养为主要目的；从配方上看，彩妆要求有良好的持久性，不易花，为了增强黏着力，多使用耐水、黏稠的油性配方，卸妆需要比较强力的方法。虽然彩妆用在皮肤上本身可能不一定发生不良反应，但卸妆过程不够柔和的话，有可能对皮肤造成过度清洁，导致皮肤受损。

此外，化妆品过敏，约一半是由香料引起的，其次是色素和防腐剂。护肤品中，香精的含量通常较低，但在彩妆产品（粉类、胭脂、腮红、唇膏等）中含量会相对较高（数据来源：《化妆品配方手册》），色素显然也应用得更为广泛，这在客观上可能增加不良反应发生的机会。当然，如果你本身并不对香精和色素过敏或敏感，就不必在意了。

亦有研究主张，痤疮、玫瑰痤疮等问题性肌肤使用彩妆可以让生活质量得到改善[2]。不过，也有很多人认为使用彩妆会使皮肤问题加重。这也许是需要个体化考虑的问题，总体而言，如果你使用了某个产品肌肤和心理状态都得到了改善，那就继续用；如果使肌肤问题加重，那就应当果断停用并排查可能的原因。

冰寒答疑　　那些洗脸小技巧有效吗？

冷热水交替洗脸效果怎样？

冷热水交替可以刺激皮肤血液循环，这能够为皮肤带来充足的营养，皮肤气色会好一些（血液循环加快，氧气充足，皮肤颜色也会变亮；如果含氧量低，则血色发暗，肤色也就更暗）。这样做是可以的（但不是必要），除敏感、干性皮肤外的肌肤类型均可采用。注意水温差别不能太大，不要变成冰水和热水交替，否则对皮肤刺激性太强，血管也可能因过度扩张而损伤。

用盐、糖、醋洗脸效果好吗？

非敏感性皮肤和老化肌肤可以使用。盐和糖能去角质；盐可以抗菌；醋可以抗菌，还能软化角质层，使皮肤更加柔软，降低皮肤 pH 值。盐、糖应和磨砂洁面产品一样，隔段时间使用一次即可，但效果因人而异。

不洗脸会让皮肤更好吗?

所谓"不洗脸",并不是说真的不洗脸,而是只用清水洗脸。个人认为这种方法更适于经常化彩妆、敏感、受了损伤的肌肤,这样做可以让皮肤有个喘息和恢复的机会。用清水洗脸时,也应当避免一切对皮肤有刺激、损伤的因素、方法。

油性肌肤、痘痘肌,应当谨慎采用。若对个人卫生不注意,不正确地洗脸(记住:"充分且适度"),可能会使肌肤状况更糟。因微生物感染而导致的炎症性肌肤同样不建议采用此法。

用化妆棉和化妆水做二次清洁是对的吗?

化妆水的溶解作用与化妆棉的摩擦作用相结合,更容易导致肌肤损伤。因此,我不建议经常这样做(本书第四篇将详细分析)。

能不能用毛巾洗脸呢?

毛巾比手的摩擦力更强,具有一定的去角质作用,加上毛巾纤维的吸附作用,所以清洁效果比手更好。但皮肤并不是清洁得越厉害就越好,因此,是否应当使用毛巾洗脸,取决于你的皮肤是否需要那么给力的清洁——尤其是是否需要轻度地去角质。如果是敏感性、干性皮肤,建议还是用手来洁面。

毛巾用久了不消毒的话,就会有很多细菌,所以要定期清洁和消毒毛巾,使用时不要过于用力地摩擦(尤其是不要在没有洁面乳润滑的情况下摩擦),就可以在一定程度上避免对肌肤的损伤。

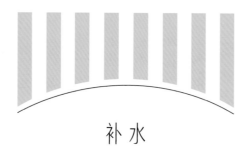

补水

日常护理程序中，补水是保湿的前奏，先给角质层补充水分，乳、霜、保湿精华等才"有湿可保"。乳霜会在水润后的皮肤表面形成一层油水混合的膜，防止水分流失（锁水）。

补水通常由化妆水、面膜、喷雾等完成，所有化妆水都具备补水这个基础功能。

补水能让皮肤角质层含水量提升，变得柔软晶莹，有半透明的效果。角质层含有充足的水分之后（专业用语叫作"充分水合作用后"），其通透性增加，营养也更容易被皮肤吸收。

除补水外，化妆水还常常被赋予收缩毛孔、美白等多种作用，不同爽肤水的特点和作用将在第三篇中分享。

[小贴士]

补水不光是往皮肤上喷水

需要强调的是，不能只通过外在途径针对皮肤表层补水。皮肤表层的水分其实来自真皮，喝足够多的水，让真皮保持健康和活力（尤其是保护其中的胶原蛋白与透明质酸），才是最深层的补水。

环境干燥会导致皮肤水分流失过快，因此，还需要给环境补水。最常用且最有效的方法是在干燥的室内放置加湿器、绿色植物、吸饱水的毛巾或海绵等。

补水过度也伤肤

　　皮肤干燥者，也常常使用矿泉水、天然植物纯露喷雾临时为皮肤补水、降温。各种**啫**喱状面膜、面贴膜也都有快速补水的效果，但这些方法都不应该过度使用，以免造成表皮过水合而松解、皮肤屏障被破坏、丧失正常的保水能力，同时，也有一些补水产品可能提升皮肤的 pH 值，若持续地保持较高 pH 值，对皮肤是不利的。

　　表皮吸水、含水量增高，被称为水合作用。表皮需要一定的水分，但是吸收水分过多时，细胞膨胀、彼此之间的连接变松，即为"过水合"。

　　发生过水合之后，皮肤通透性增高，更易受到刺激。若反复发生过水合，会让皮肤屏障受到损伤，失去正常的保护力，可能变成敏感性肌肤。

　　过多使用补水喷雾、每天做面膜、每次面膜时间超过 20 分钟（有些甚至长达 1 小时），均会让皮肤过水合，就好比一堵墙常年泡在水中，久而久之必会被侵蚀破坏。因此，建议每天使用三四次补水喷雾即可。

　　过度补水（尤其是以面膜形式）还可能造成毛囊皮脂腺导管吸水过度而膨胀，堵住毛孔，形成类似粉刺的疹子。出现这种情况，常常被认为是因角质过厚而引起，于是又拼命去角质，去角质后，皮肤屏障被进一步削弱。许多敏感肌肤的人说"我觉得角质太厚了，毛孔堵塞，怎么补水也不能吸收"，多是此种情况。其实此时什么都不做，皮肤状况反而会变好。

　　用喷雾补水之后建议用手轻轻拍干，而不是用纸巾擦拭，因为擦拭时可能会让皮肤表面的水溶性保湿成分被带走，反而令皮肤更易干燥。

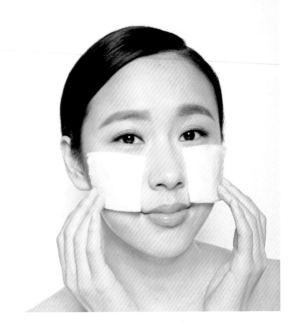

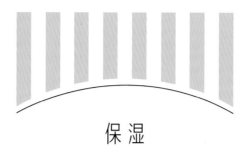

保 湿

水是生命之源，正常人的身体近 70% 都是水。表皮中的水分含量为 10%~30%，低于 10% 皮肤将严重干燥，所以保湿极其重要。

肌肤缺水的后果：

· 角质层干燥、起屑、脱落、干裂，角化加速；

· 透明度降低、粗糙；

· 肌肤更容易受到刺激或侵袭，过敏的概率也会升高；

· 老化加快。

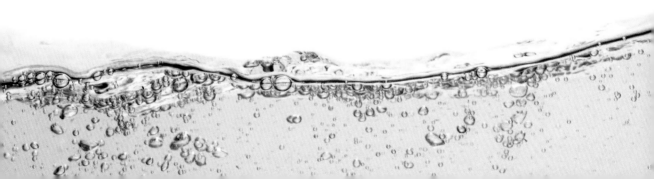

保湿的作用是使水分不要过快流失，让角质层有合理的含水量。保湿并不仅仅是指涂抹保湿霜，其实肌肤自身具有一个非常完美的保湿系统，它的工作原理就好像一个水利工程：

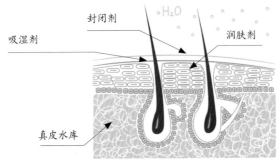

上图显示了肌肤自身保湿工作的原理：

真皮层是水的来源，也就是"水库"。真皮细胞间质涵养了大量的水，缺乏它们，真皮的涵水能力会下降。

表皮细胞间的水溶性保湿成分像水泵一样把真皮层的水吸出来滋润表皮（尤其是角质层）。距离真皮越近，含水量越高；而距离越远，含量就越低。这样，皮肤含水量在皮肤各层形成了一种"金字塔"模式，而抗氧化剂也呈金字塔分布：

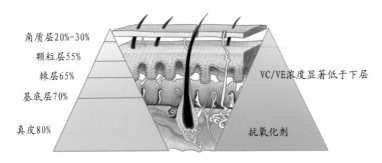

小心！这些举动会降低皮肤的保湿能力

正常情况下，皮肤具有自我保湿能力，这一功能主要是由皮肤屏障完成的。当环境过于干燥，或屏障受损时，皮肤的失水速度就会加快，角质层水分含量降低，就会导致皮肤干燥、脱屑。因此，保湿的基本起点，是维持和保护皮肤的屏障功能。过多使用下列方法可能削弱皮肤屏障功能、降低皮肤自身保湿力：

·过多去除皮肤的天然油脂：如用太热的水、用清洁力过强的洁面产品尤其是皂基产品、用过于强力的清洁方法（如磨砂、化妆棉或海绵清洁）、经常性卸妆；

·过于频繁地洗脸，例如每天洗脸超过 3 次，每次都非常用力地清洁，混合性肌肤的 V 区也不轻柔对待；

·去角质过度，频繁使用较高的浓度水杨酸和果酸，导致角质层变薄；

·敷面膜过多：每天敷面膜，或者每次敷面膜时间超过 20 分钟，甚至敷面膜过夜等。

当肌肤自身的保湿力不足以保持水分时，就需要使用保湿护肤品（通常是乳、霜）帮助保湿。在秋冬季节，由于环境变化空气湿度降低，汗液、皮脂分泌减少，皮肤自身保湿能力下降，所以，肌肤的保湿更加重要。

小链接

保湿小辞典

TEWL：经表皮失水率（trans-epidermal water loss），是指经过表皮，在单位时间内流失水分的速度。TEWL 越高，表示单位时间内流失的水分越多，皮肤保湿能力越弱。

NMF：天然保湿因子（natural moisturizing factor），由皮肤自身产生的一些氨基酸残基、无机盐等组成的具有吸水作用的复合水溶性物质。NMF能在角质层中与水结合，并通过调节、贮存水分达到保持角质细胞间含水量的作用，使皮肤自然呈现水润状态。过度清洁会使 NMF 流失，肌肤自身的保湿力就会下降。

表皮细胞间质：填充表皮细胞与细胞之间空隙的物质，在角质层由脂肪酸、鞘胺醇、胆固醇以固定的比例、精密的结构组成，是表皮细胞的生存环境，具有极佳的保湿效果，可以防止水分流失；在颗粒层以下细胞之间还有透明质酸等水溶性物质。过度清洁、表皮损伤会使细胞间质流失，恶化皮肤细胞生存环境，使保湿力下降。

保湿最重要的四个诀窍

【做得保湿】

要最大可能地保护皮肤，发挥肌肤自身的保湿能力。

主要原则是不损伤皮肤、不过度清洁肌肤，保护真皮和表皮的健康和活力，这样皮肤本身的涵水能力才能得到保证。

【涂得保湿】

一个好的保湿护肤品在配方中应该含有一定的保湿剂（吸湿剂）、油分（封闭剂）和润肤剂，或者用含有上述类型的成分彼此配合达到综合保湿效果。

· 吸湿剂帮助将真皮层的水分吸至表皮层，在空气湿度较大的情况下也可以将空气中的水分吸到皮肤上。

· 封闭剂的作用是形成油膜，减少水分蒸发。封闭能力最强的油类是凡士林，其次是轻质矿物油，再次是植物油、合成酯等。

· 润肤剂可使肌肤平滑、柔润。

[**小贴士**]

保湿护肤品常用的几类成分

吸湿剂：甘油（丙三醇）、透明质酸钠、丁二醇、丙二醇银耳提取物等，多为醇类、多糖类。

封闭剂：凡士林、矿物油（液体石蜡）、各种植物油，主要是脂类。

润肤剂：羊毛脂、硅油类、一些酯和醇等（有些润肤剂也有吸湿或封闭作用）。

新的趋势是使用仿生剂，重在角质细胞间脂质的补充和完整，以及皮肤细胞的激活，因此很多品牌开始选用皮肤本身所需要的、具有生化活性的成分添加到保湿产品中，通过模拟细胞间质来增强皮肤的保湿力，例如神经酰胺、胆固醇、鞘脂类等，使用这些成分的产品通常会比较贵，但值得选择。

一些成分虽然不属于保湿剂，但通过外涂，能够改善真皮层的状态而使肌肤保持水润，也值得选用，如维生素 C 及其衍生物、硫辛酸、羟脯氨酸、全大豆提取物、胶原蛋白肽、当归提取物等具有抗氧化作用的植物提取物。

保湿产品通常有保湿水、保湿精华、保湿乳或霜等。若你不太会看成分表，为了知道每一种产品的保湿性能如何，可以在洗完脸后只涂这一样产品，看该产品能在多长时间内让皮肤不紧绷，时间越长越好。

如果能备一个皮肤水分测试仪就更好了，但要注意使用技巧：

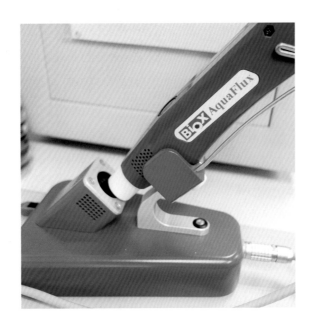

· 一般选择上臂内侧的健康皮肤做试验，将性质相同的一块皮肤区域分为 2 块，一块涂抹保湿产品，一块不涂抹；

· 在一块测试区域只能涂一样产品；

· 分别在 30 分钟、1 小时、2 小时、4 小时、6 小时、8 小时测试皮肤含水量，先测试未涂抹区域，再测试涂抹区域，每个地方测试至少 2 次，取平均值作为结果。一般年轻人角质层含水量应当在 25% 以上，30% 左右是最理想的。

· 有兴趣的同学，要想知道该区域有没有长期的改善，可以连续在测试皮肤上使用，每周测试一次数据，最后一次测试前不涂抹任何产品，看皮肤在未使用任何产品的情况下自身是否已经得到改善。根据实验室测试，市面上的小型水分测试笔误差较大，结果仅供参考。不过很有意思的是，我们发现主观感受与专业的水分测试仪、TEWL 计测试的数据一致性也比较高，所以如果懒得做测试，也可以以自我感觉为标准去挑选产品。

【 吃得保湿 】

通过饮食调理，也可以让肌肤更加水润。

· 补充胶原蛋白，可以提升真皮层的涵水能力，近年已经有较多的临床研究结果证实了这一效果，包括一些随机对照试验；

·补充维生素 C、维生素 E，可减少胶原蛋白的损失或促进胶原蛋白合成；

·多吃新鲜水果蔬菜，尤其是山药、木耳、银耳等中医所云补阴生津的食物可能也是有益的。

【活得保湿】

·注意改善环境湿度。干燥的冬天和寒冷的北方有暖气的室内尤其需要注意。加湿器应是必备品；电脑前也可放打湿的毛巾、吸水的海绵；室内可种植大叶绿色植物，增加湿度。

·少熬夜。熬夜在中国传统医学中被认为会"伤阴"，会导致体液消耗，目前原因不明，但熬夜确实会导致皮肤干燥无光，嘴唇焦裂。

·避风吹。冬天出门，大风天应戴口罩，一是因为亚洲人皮肤较为敏感，二是因为空气流动速度越快，水分流失也就越快。戴口罩可以有效降低面部水分在风中的流失速度。

·防晒，以免表皮层异常增厚、减少紫外线对真皮层胶原蛋白的损伤。

如果你能做好这些保湿工作，发挥皮肤自身的保湿潜力，即使在寒冷的冬天，也无惧干燥。

冰寒答疑　关于保湿的认知误区

面膜能保湿吗？

面膜使用后短时间内会被洗去，大部分面膜所含的油分较少，因此，面膜即时补水效果好，但保湿能力偏弱，所以不宜单纯依赖面膜去保湿，还是应配合使用霜、乳类保湿产品。

大分子和小分子保湿剂有什么不同？

大分子、小分子不是一个严格的标准概念。大分子通常是指分子量在 5000 或者 10000 以上的物质。

常用的大分子保湿成分包括：高分子量的透明质酸钠、胶原蛋白、银耳多糖或其他黏多糖、聚谷氨酸（PGA）、硫酸软骨素、一些纤维素和天然胶体等。其中最常用的是透明质酸钠（Na-HA）。

这些物质因含有较多的亲水基，可以与大量的水结合，发挥吸湿、保湿作用。因为它们的分子量大，所以会比较黏稠，具有成膜性，而且渗透性会比较弱。它们的成膜性会对分布在其中的其他物质形成阻滞，不容易穿透。从这点来说，它们可以阻碍其他养分被皮肤吸收。

不过最新的研究结果表明：大分子的透明质酸和胶原蛋白也可以被皮肤吸收。

黏稠的大分子成分更适合制作乳霜类产品，这些产品也更适合在精华液之后使用，发挥保湿、缓释的作用。

小分子保湿剂有各种多元醇（甘油、丙二醇、丁二醇等）、吡咯烷酮羧酸钠（PCA-Na）、维生素 B_5（泛醇）、神经酰胺、乳酸钠等。

小分子保湿剂分子量较小，渗透性也更强，不那么黏稠。维生素 B_5 和神经酰胺具有重要的生理活性，容易渗透到细胞间发挥保湿作用，PCA-Na、乳酸钠等则本来就是人体天然保湿因子（NMF）的组成部分。

在实际应用中，大、小分子保湿剂基本上都是配合使用，以达到更好的保湿效果。比如透明质酸钠与甘油配合，比单一使用透明质酸钠的保湿效果更佳。各种品牌不太可能使用单一的大分子保湿剂或者小分子保湿剂。当然，在市场宣传时商家可能会重点突出某一类或者一个成分。

···

直达真皮补水的宣传可信吗？

真皮含水量大于 70%，其来源是饮入的水。靠每天面部涂抹约 1.4ml 的保湿产品，无法满足真皮的需要。

由于表皮的结构致密，涂抹在皮肤上的物质想要渗入真皮层并不是非常容易的事。如果快速渗透到"直达"的地步，一定会造成明显刺激。所以保湿剂并没有通过皮肤吸收大量进入真皮层的必要。

其实，真正缺水的是表皮层，因此补水、保湿的重点也应当是维护表皮层有合适的含水量：拥有充足的表皮细胞间质、含水量适中的角质层，保持表皮层的完整和健康，防止龟裂、防止真皮水分流失过快，就已经达到了理想的保湿目标。

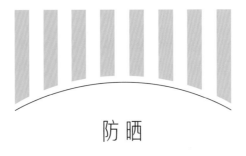

防晒

紫外线的四宗罪

导致皮肤老化的所有外源性因素中，紫外线的"贡献"是最大的，皮肤的老化甚至就直接被称为"光老化（photoaging）"。

光老化厉害到什么程度呢？《新英格兰医学杂志》的一张照片引起了人们的广泛关注：

照片中的这位美国卡车驾驶员 William McElligott（威廉·麦克利戈特），开车 28 年，对着车窗的左脸生理年龄已经到了 80 多岁，但右脸仍然保持在 60 多岁的状态。

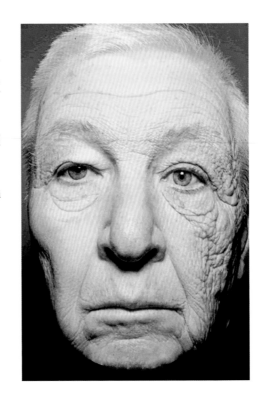

研究已经证实，紫外线对皮肤可以造成如下伤害：

1. **晒伤**：如果不采取任何防晒措施，一般黄种人在强烈的阳光下暴露 15 分钟左右皮肤就会被晒红，再继续晒，会灼痛，甚至脱皮。

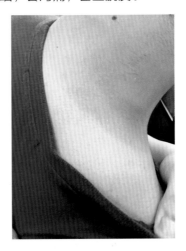

2. **晒老**：紫外线、蓝光和红外线会导致胶原和弹性蛋白损伤、皮肤角质层异常增厚，皮肤弹性、水分和光泽变差。

3. **晒黑**：位于表皮底层的黑色素细胞感受到紫外线后，会加速分泌黑色素，输入到周围的表皮细胞，黑色素细胞的体积也会膨大，最终导致肤色变黑。晒黑之后，想要让肌肤恢复到晒黑前的状态，就不那么容易了。

更严重的是，皮肤某区域接受紫外线照射后，邻近区域对紫外线的敏感度也会升高，一般来说照射的面积越大，敏感度就越高。此外，肌肤对紫外线还有记忆效应：经过一次晒黑，下一次再被紫外线照射时，黑色素细胞会以比上次反应速度更快，皮肤会更迅速地变黑。

4. **光敏反应**：部分人对紫外线敏感度高，被紫外线照射后可能会发生急性反应，若此时摄食大量光敏性食物，在光敏成分的诱导下，可能发生严重的光敏甚至光毒性反应，症状有起疹、渗出、红斑、瘙痒等。

注重防晒，是最重要的护肤功课之一。

认识紫外线

紫外线（UV, ultraviolet）根据波长可划分为 UVA、UVB、UVC。

UVA 为长波紫外线，波长 320~400nm，穿透力最强，可到达真皮层，是皮肤老化元凶，也是晒黑皮肤的首要因素；玻璃、薄布无法完全阻隔 UVA。

UVB 为中波紫外线，波长 280~320nm，可以到达基底层，主要会晒伤、晒红皮肤；UVB 可以被玻璃阻挡。

UVC 为短波紫外线，波长小于 280nm，会被大气中的臭氧层阻挡，人工 UVC 主要出现在医院用于消毒的紫外灯。

过去，UVB 是人们关注的重点，近年来对 UVA 和光老化的研究逐渐深入，对 UVA 的防护应当成为重点。皮肤中有一些发色团可以吸收 UVA，如反式尿刊酸、黑色素、卟啉、苯醌、与蛋白质结合的色氨酸、高级糖化末端产物；某些物质在 UVA 激发下可产生 ROS（reactive oxygen species, 活性氧簇），造成广泛伤害。

黄种人对 UVA 敏感，更容易晒黑，不易晒伤；白种人对 UVB 更敏感，更易晒伤，但不易晒黑。

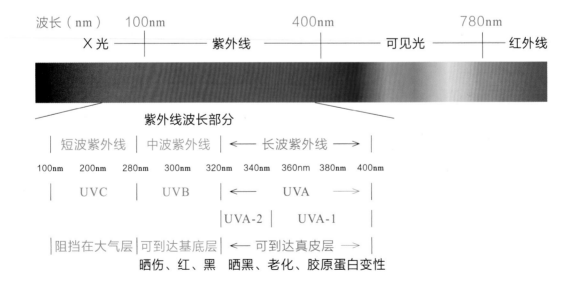

防晒不能只靠防晒霜

一说到防晒，你是不是就想到涂防晒霜呢？

不错，作为专门用于防晒的护肤品，防晒霜绝对是非常重要的角色，不过，基于我们对紫外线的认识和对防晒霜的了解，防晒绝不能只靠防晒霜。从某种意义上说，防晒霜只是一个补充角色。

这个说法可能让你觉得很惊讶：为什么呢？

下面是我主张的防晒要点，这些要点的精神与联合国 WHO 所倡导的防晒 ABC 原则是一致的：

· 不被晒到，是最好的防晒。

· 首选硬防晒：没有哪一种防晒霜能与硬防晒（详见 p.41）相比。

· 在必要时涂防晒霜。

如果能够理解这些原理，防晒将变得十分有效，很轻松就能做到，肌肤也会因此受益。

【防晒的 ABC 原则】

A：Avoid，避免晒。

B：Block，遮挡，防止被晒到。

C：Cream，防晒霜。在 A、B 不能满足防晒需求的时候，采用 C 补足。

[**小贴士**]

18 岁前所受紫外线辐射是一生总量的 50%

年轻的时候在外活动时间较多，防晒意识不足，使肌肤接受大量的紫外线辐射，其后果在年轻时不易察觉，但成年后会逐步显现，因为紫外线损伤的结果具有累积性。

换句话说，光老化在你年幼时就已经开始了。如果你是第一次读到这条信息，请立即开始防晒！

如果你是一位妈妈，请立即开始注意宝宝的防晒问题。

不被晒到，是最好的防晒

紫外线再强，都不可能穿透一堵墙。最好的防晒，是不被晒到。做到以下两点，就可以避免 60% 甚至更多的紫外线损伤：

1. 早上 10 点到下午 4 点之间，避免在阳光下活动；

2. 外出活动时，选择阴凉的地方行走、停留。

每天中午 12 点到 2 点是一天中紫外线最强的时段，下午 4 点以后，紫外线的强度明显降低，仅相当于最强时的 25% 或者更少。

根据我测试的结果，外出时，若能有大树为你遮阴，紫外线强度立即能减少 50% 甚至 90%。

[**小贴士**]

面部所受紫外线的来源

面部所受紫外线有三个来源、两个方向：

（1）阳光直射：约占 50%——所以不要被太阳直接晒到。

（2）天空散射和周围建筑物反射：占 40%~45%——这部分容易被忽略。

（3）地面反射：紫外线照到地面后再次反射到面部，一般占总量的 5%~10%。反射率最低的是草地，几乎没有；浅色地面、沙滩、雪地的反射率要高得多。所以长期在海滩、雪地和烈日下的广场上活动，四周又毫无遮挡的话，会更容易晒黑。

（1）和（2）的来源方向是天空，占到总量的 90% 或更多，所以防住天空，就基本成功防住了紫外线。

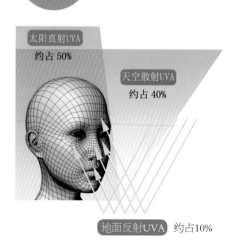

面部所受 UVA 辐射的构成示意图

可见：

UVA 的最大辐射量来自太阳直射和天空散射。所以天空、太阳是防护重点。

首选硬防晒

测试表明，最有效的防晒，非硬防晒莫属。所谓硬防晒，是指以伞、帽子、墨镜、衣物等硬件来遮挡紫外线、可见光甚至红外线的防晒方法。

2012 年春夏季到 2013 年，我测试了许多关于紫外线的数据，发现：

一把普通的伞，可以轻易阻隔 85% 以上的紫外线。

更好的伞、墨镜、帽子、防晒衣，则可以将阻隔率提升到 95% 甚至 100%——这对防晒霜来说几乎不可能。

那么，如何选择硬防晒护具呢？

【 伞的选择 】

伞面大、内部是黑色或暗色、不透光的是最佳选择。选择伞主要考虑如下三个方面：

· 材料：选择密织的不透光布料即可。四周有蕾丝的伞防晒力会有所损失。若布的致密度不够，则需要涂层。

· 颜色：外部颜色随意。内里以黑色为佳，不宜用银色、金色。这是因为面部所受紫外线的一部分来自地面反射，若伞里面是强反光的金、银色，将会把这些地面反射上来的紫外线再反射到面部，而黑色内里则不会有这个问题。

· 尺寸：越大越好。

被雨淋过的伞就没有防晒力了吗？其实，雨水并不会影响伞布的致密度、颜色，也不会导致内部的涂层脱落，因此，被雨淋过的伞依然具有防晒功能。当然，有一些伞的涂层不太好，容易在淋湿后脱落，要另当别论。

小链接

伞、帽子可以防护可见光伤害和热辐射

除紫外线会伤害皮肤外，还有一些可见光具有类似紫外线的破坏作用，会导致红斑、色素沉着，产生 ROS 自由基等问题。另外，红外线辐射也可能会造成热辐射损伤（损伤症状和 UVA 相似），使肌肤出现光老化、温度上升等问题，而任何防晒霜对可见光和红外线辐射都是无能为力的。

但是，合适的伞和帽子都能够在一定程度上阻隔这两种光线，这是我始终将硬防晒作为首选防晒措施的原因之一。

【帽子的选择】

合适的帽子能为脸部提供极佳的紫外线防护，被帽子遮住的部位，紫外线辐射能减少高达 95%。那么怎样选择一款防晒的帽子呢？

· 帽子应该够大。

· 布料透气但不能透光，防晒效果和舒适度需要兼顾。

· 帽子内里最好是暗色的。

· 最好选择圆形的帽子，棒球帽只能防护正面，无法防护侧面。

在所有指标中，帽檐宽度是最重要的。以 4 月份的上海为例，早上 8 点钟以后，一般人使用帽檐宽度大于 11 厘米的帽子才可以完全挡住面部，脸越大，需要的帽檐越宽。

帽子的缺点是不能防护身体，所以只能戴帽子又必须在户外的时候，身上要涂防晒霜。

【墨镜的选择】

优质的防晒墨镜是防止眼周肌肤光老化的利器，还可以防止视网膜的紫外损伤，墨镜本身没有刺激性，不会对肌肤造成负担，可以重复使用。选择墨镜时，需要考虑的因素有：

·材料：以带有特殊防晒涂层的聚碳酸酯镜片为佳。防晒波段可达到 400nm。目前最新的技术可达到 412nm 以下完全防护，但尚未普及。

·颜色：颜色不是影响防晒力的核心因素。测试表明：深色镜片的防晒力也有可能不如有些无色的透明镜片。墨镜的防晒性能主要取决于防晒涂层或镜片中的防晒成分，深色镜片对可见光的防护力会更强一些。各种镜片对红外线均缺乏防护能力。期待防红外线的墨镜早日问世。

·尺寸：越大越好。

·造型：考虑了加强侧面防护的眼镜更给力。

墨镜的价格从数十元到数百元到数千元不等，但价格并不是影响防晒的主要因素，所以没必要一定追求昂贵的产品。

【防晒衣物】

用衣物防晒其实很方便操作，织得比较紧的布，如白棉布、各种不透光的普通布料都可以防晒，但不能认为这些就是防晒衣。

许多普通的布料都可以防晒，但不轻薄，例如牛仔布。另一些衣物做得轻薄，但没什么防晒能力，例如蕾丝、鱼眼装、雪纺等。所以：只有既轻薄，又做过防晒特殊处理的，才能称得上是防晒衣。

在我看来，防晒衣应当轻薄透气而且适合夏季穿着，同时对紫外线有较强的防护能力。

我测试了很多宣称能达到 UPF50 的所谓防晒衣，结果大部分衣物的防晒效果都不理想，对此现象近年来媒体也多有报道。当然，遮比不遮要强。不过，在强烈的阳光下穿着以为能防晒的"防晒衣"，更加放胆接受日光照射，造成的伤害可能更严重。

选择防晒衣时，最好能够看到可信的测试报告，在确定防晒力的基础上，再选择颜色、款式。如果不能确定防晒力，还不如穿厚一点、不透光的棉织物。

[**小贴士**]

日光的好处

日光并不是一无是处，适当接受日光照射也有好处。

·日光中的 UVB 可以促进维生素 D 的合成，而维生素 D 可促进钙的吸收和转化，缺乏日光照射的儿童容易因缺钙而生佝偻病。建议儿童每天接受 15 分钟的日光照射（隔着玻璃窗是无效的，因为 UVB 不能穿透玻璃），否则应额外补充维生素 D。当然，合成维生素 D 的任务可以交给四肢的皮肤完成，不一定由脸去完成。

·长期不接触日光会使近视率上升。

·日光还与抑郁症有关。（有没有觉得长期阴天会让你觉得心情郁闷？）

在必要时涂防晒霜

【避免依赖防晒霜，减轻皮肤负担】

我鼓励防晒，但并不鼓励单纯依赖防晒霜。防晒成分并不能为肌肤补充营养。

如果没有紫外线，肌肤还是需要保湿、抗氧化，但不需要防晒霜。也就是说，防晒剂其实是在不得已的情况下才使用的外来物质。

而且，目前不管是哪种化学防晒成分，都属于化妆品规范中的限用物质，或多或少都有一定刺激性，某些成分的副作用还比较大[3]。

敏感、破损、炎症的肌肤更应谨慎选择防晒产品，因为某些化学防晒剂更容易进入这类皮肤内，可能导致光敏甚至光毒性反应。

【在必要的时候，一定要涂防晒霜】

涂不涂防晒霜，取决于特定条件下的利弊权衡：在特定场景下，是涂防晒霜对皮肤造成的伤害大，还是不涂防晒霜对皮肤造成的伤害大？

当你去海滩游泳、野外远足、高原登山、夏天学习驾驶、长时间在烈日下运动，硬防护又不足以或不方便防护紫外线时，必须涂防晒霜，而且要使用足够的量。

在进行户外活动时，应该选择防水的、具有高度防晒能力的防晒霜。

在不同的情况下选择不同的防晒策略组合，既能防护紫外线，又不伤害皮肤。

[**小贴士**]

户外活动的紫外线强度

葛西健一郎先生在《色斑的治疗》中描述了户外条件下紫外线大幅增加的情况：

一位每天暴露于阳光下30分钟的办公室女性，若进行为期5天的夏威夷旅行，紫外线强度为原工作地的5倍，在旅行期间每天暴露于阳光下5小时，最后接受的总辐射强度相当于平日250天的量。

这就是为什么辛辛苦苦防护一年，几天不注意防晒的旅行就会让你的辛苦付诸东流。

[**小贴士**]

皮肤对紫外线的其他反应

　　①皮肤某区域接受紫外线照射后，邻近区域的敏感度也会升高。照射面积越大，敏感度越高，所以全面防护很重要。

　　②身体不同部位肌肤对紫外线照射的反应速度（敏感度）是不同的，手掌、脚掌部位是最不容易晒黑的，面部则很容易晒黑。

 冰寒答疑　　一些防晒的关键问题

室内需要防晒吗?

　　由于玻璃就可以阻隔 UVB，且根据冰寒的实地测试，晴天的一楼，室内距玻璃窗 1.5 米的非阳光直射处，UVA 强度只有正午太阳的 1.2% 左右，并不需要特别防护。

　　如果是在高楼而且是晴朗的天气，使用的是没有镀膜的玻璃，室内 UVA 强度会高一些，若是可被阳光直射，那就要相当注意防晒的问题，尤其是防 UVA。若是窗户有防紫外镀膜玻璃，即使紧贴窗口，也不必过于担心紫外线问题。

　　我认为在多数情况下，低层室内都不需要有什么特别的防晒措施，除非是以下几种情况：

　　长时间坐在被阳光直射到的位置；

　　距离窗口 1.5m 以内；

　　没有窗帘、镀膜等其他遮蔽设施。

　　高层房间，缺乏树木和建筑遮挡，天空散射更强烈，故要更注意些。

　　无论如何，被日光直射到的地方，一定是要考虑防晒。

灯下需要防晒吗?

经过测试,常用室内光源的 UVA 辐射水平均只有数微瓦每平方厘米,相对于日光的直接紫外辐射,可以忽略。即使是强烈的舞台灯光(数十盏大功率射灯的光照中心位置),也不过 $50\,\mu w/cm^2$ 左右,也不需要特别的防护。

有研究表明,如果节能灯的荧光粉涂层有裂隙,则紫外线有可能泄漏并对体外培养的细胞造成伤害,解决的方法很简单——加一个灯罩就可以了。比起涂抹防晒霜,这是更简便、有效的方法。好消息是,现在已经进入 LED 照明时代,对光线的波长控制更加准确和精密,不需要再为这个问题而担心了。

对着电脑需要防晒吗?

经测试,液晶电脑屏幕的紫外线辐射量是 0,不需防晒。对着电脑,皮肤容易变得憔悴、干燥,主要原因可能是热辐射导致皮肤失水速度加快,以及久坐不动造成的血液循环减缓,而不是紫外线或者电磁辐射。面对电脑使用防晒或隔离产品其实没有必要,它们也无法阻隔红外线辐射。

阴天、多云天、雨天需要防晒吗?

阴天和多云天同样需要防晒,阴天的紫外线辐射强度可达晴天的 20%~30%,多云天则高达 50% 左右,这些强度的紫外线(尤其是 UVA)都处于较高水平,对皮肤会造成伤害。

雨天的紫外线强度会降到晴天的 10%~5%,而且打的伞也会屏蔽一部分紫外线,因此,无须再特意防晒。

秋冬季是否需要防晒？

答案是肯定的。秋冬季紫外线强度有所减弱，阳光也没有夏季那么灼热，容易让人放松警惕。实际上，秋冬季 UVA 的强度约为夏季的 50%，加上日照时间缩短、建筑物遮挡面积变大等原因，人所受到的 UVA 辐射量约为夏天的 30%，但中午前后，UVA 的辐射强度仍可超过 1000μw/cm^2，如果经常暴露在阳光下又不注意防晒，晒黑和晒老仍不可避免。

秋冬季因为穿长袖长裤，身体能得到很好的保护，但脸没法穿衣，防护就不够。许多人觉得在秋冬季打伞、戴帽子会被人觉得"怪怪的"，因此硬防晒也被弃用。其实，不仅是防晒，如果我们做任何事情都以别人的眼光作为判断标准，那什么有价值的事也做不了。我的建议是：皮肤是自己的，防自己的晒，让别人说去吧。

为什么涂了防晒霜还会晒黑？

原因有两个：

（1）目前，任何防晒霜都不可能阻止 100% 的紫外线，总有一部分紫外线会穿透防晒霜形成的保护膜伤害肌肤，只要皮肤受到的累积辐射量超过了变黑所需要的辐射量，皮肤就会变黑。如果防晒霜的使用量不足，防晒效果也会急剧减弱，穿透保护膜的紫外线会成倍增加。

（2）如果防晒霜主要防护 UVB 而对 UVA 防护效果偏弱的话，就不能有效防止晒黑。

所以在选择防晒霜时，一定要着重看它对 UVA 的防护效果。

结论：不要以为涂了防晒霜就万事大吉，遵循防晒的 ABC 原则才是正确的做法。

怎样做好晒后修复？

晒后首先应当严格防晒，防止继续伤害。

晒伤后可以用凉水敷（不是冰水），若有洋甘菊纯露、马齿苋、仙人掌提取物、维生素 E、绿茶、甘草等就更好了，若情况严重，则需要去咨询医生。

若被晒黑，则首先需要打消短期内变白的念头，因为黑色素不可能在短期内消失，事先做好预防才是最佳策略。

晒黑一天，一个月能恢复已属幸运。除了继续防晒、吃一些抗氧化营养物质（如维生素 C、维生素 E、绿茶、葡萄籽提取物等）外，还可以使用美白产品，但要注意看成分。甘草提取物（甘草酸钾、光甘草定）、维生素 E、茶多酚、红酒多酚等为美白成分，有助于晒后的修复；而含有果酸（AHA）、高浓度维生素 C、曲酸、壬二酸、水杨酸等成分的，则不适合晒后已经受伤的皮肤，它们甚至可能会加重皮肤敏感和炎症。

....

为什么以前晒黑很容易白回来，后来就不行了呢？

黑色素若可被还原，就可以变成无色的，当受紫外线刺激后变为氧化态，才是黑色。受紫外线刺激次数多了之后，黑色素就失去了还原能力，人自身抗氧化能力降低，也阻碍了黑色素的消除。

另一个原因是晒黑的记忆效应，即这次晒黑后，下次遇到紫外线照射后黑色素细胞会用比上次更快的速度进行反应，皮肤迅速变黑（这也是一种皮肤的适应性保护机制）。受到紫外线照射越多，肌肤越容易变黑，黑的时间越长。

....

防晒霜需要每 2 小时补涂一次吗？

并非任何情况下都需要每 2 小时补涂一次防晒霜。

主张任何情况下每 2 小时补涂一次防晒霜的理由是：防晒成分受紫外线照射后会分解，导致防护作用下降；因为出汗，防晒霜被冲刷，防晒膜变得不完整，防晒力下降。

不过，现在新的技术和配方使多数防晒霜的光稳定性良好，防晒力不会因为阳光照射而很快损失，所以第一个建议补涂防晒霜的理由现在没那么充分了。

但是，户外运动、野外活动出汗，以及在海边、水边等长时间接触水的情况下，每 40 分钟、80 分钟补涂是有必要的（当然，所使用防晒霜的防水性能以及是否连续出汗、是否连续接触水也是需要考虑的原因）。如果只是普通的居家、办公、学习环境，并不大量长时间出汗，也不暴露在大量紫外线下，中途也没有清洁、擦除掉防晒霜，就没有必要补涂。

另一方面，研究发现许多人并没有足量地使用防晒霜。防晒霜的标准用量是 $2mg/cm^2$，未达到此用量时防晒效果会急剧下降。故如果单次的使用量不足时，通过补涂可以达到足够的用量，从而发挥预期的防晒效果。当然，如果你一次用量已经足够了，就不需要再通过补涂来补足用量。

什么情况下需要涂防晒霜？

如前所述，防晒成分对皮肤或多或少都有一定的刺激性（其含量都有上限要求），过多使用防晒霜对皮肤是一种负担，在没有必要（即根本没有紫外线辐射或者辐射量极低，硬防晒可以完全提供防晒保护）的情况下，就不需要再使用防晒霜。

但是在户外活动、野外旅游时，长时间暴露在大量紫外线下，周围没有任何遮挡，硬防晒不方便或不足以提供完整的保护，紫外线对肌肤造成的伤害大于涂防晒霜对肌肤造成的刺激、负担，那就必须使用合适的防晒霜。

为什么外出旅游很容易被晒黑？

户外旅游时，我们会长时间活动在阳光下，在海滩、高原、大山、雪地，甚至没有任何遮挡物的地方，这直接导致身体所受紫外线辐射量大增。

旅游过程中人们不断活动，非常容易出汗，汗水会将防晒霜冲刷掉，失去原有防晒能力，也使肌肤更易晒伤和晒黑。

选择的防晒霜防晒力不强，无法提供足够的防护，这也是重要原因。

在外出旅游时必须加倍防护，才能确保平时辛辛苦苦保养所取得的成绩不会在几天内被摧毁。

···

为什么过度宣传的高指数防晒霜可能导致更多问题？

无论是多高指数的防晒霜，防晒能力都是有限的。过度宣传的高指数防晒产品给人以心理上的错觉，让人以为涂了它们就无须再担忧紫外线问题，于是会更长时间地活动于阳光下，反而有可能使肌肤所受紫外线辐射剂量增加。

另一个问题是，防晒指数和防晒剂的浓度是剂量依赖的，即要获得更高的防晒指数，就会添加更高浓度、更多种类的防晒剂。而防晒剂在总体上对皮肤是种负担。一项针对 400 多位受试者的调查发现，有 20% 的人对至少一种防晒剂产生了光敏反应[4]，这个比例是相当高的。

···

防晒霜是否需要卸妆？

普遍的宣传常说使用防晒霜后需要卸妆，以免防晒成分残留，对肌肤造成伤害（这种宣传侧面证明防晒霜不是用得越多越好），但是缺乏相关的数据来证明这种说法的合理性，即采用洁面乳来洗和使用卸妆产品清洁，残留在皮肤上的防晒剂数量是否有区别？

为此我设计了一种"紫外指纹法"检测不同洗涤方法对不同防晒霜的清洁效果，发现绝大部分防晒霜都可以用普通洁面乳洗干净，无须特别清洁，包括一些防水型的防晒霜（我将这一类防晒霜称为"生活防水"型防晒霜）。仅有少数超强防水的防晒霜需要卸妆，例如理肤泉和佳娜宝的一款超防水防晒霜。

这个研究的意义在于：多数防晒霜无须卸妆。减少卸妆次数，避免过度

聪明涂眼霜

保湿性能良好的眼霜（或啫喱、能代替眼霜的面霜），能使眼部肌肤保持润泽，在肌肤滋润的情况下，因干燥而起的假性皱纹也会变浅甚至消失。

涂完精华后，每只眼取绿豆大的眼霜，以无名指指腹轻轻点、按。若有抗皱、保湿的特别需要，可在眼霜前先使用恰当的眼部精华素。

涂抹时的按摩能促进眼周血液循环，也是一种良好的护理。

涂眼霜应使用轻柔的手法，轻轻点弹或打圈按摩，避免过度用力拉扯皮肤，上眼睑由内眼角开始向太阳穴进行，然后再从太阳穴向内眼角进行。

眼部按摩

眼部肌肤血管和神经密布，还有很多重要的淋巴管、穴位。每天花几分钟按摩一下，能缓解眼部疲劳，亦能促进血液和淋巴循环、保养肌肤。

按摩方法：洗净手，涂上按摩油或霜以减少摩擦，再进行按摩。动作宜轻，以平推和点弹为主。

按摩位置与方向图解

眼部细纹和表情动作

眼部细纹与表情动作关系密切，眼部肌肉活动牵拉皮肤，形成表情纹。夸张的笑容、经常挤眼、眉头紧锁神情凝重，眼周肌肉群不断收缩、运动，就会导致真性皱纹产生。

要减少眼部皱纹，应当避免夸张的眼部表情动作和不必要的眼部动作。开心快乐、坦然平和，能够防止部分表情纹出现。

如果眼周没有做好防晒，紫外线导致光老化，会使皱纹固化。防止眼部皱纹加重，防晒极其重要——你需要一副非常棒的墨镜。

如果按摩方法不当，也可能使皱纹加重。

近视会促进眼部皱纹形成，因为近视者为了看得更清楚，会努力收缩眼周的肌肉，形成眯缝眼，这种动作也会让眼周皱纹出现得更早、更多。要注意保护视力哦！

到一定年龄后，随着真皮的萎缩，皮肤饱满度下降，眼部会出现凹陷，皱纹也会加重。注意补充胶原蛋白、维生素 C 等，可以减缓皱纹的出现，避免皱纹加重。也可通过注射填充解决，例如注射透明质酸或胶原蛋白。

[小贴士]

近视间接造成色斑

近视不仅会促进眼部皱纹的形成，而且由于眼镜鼻托的长期压力还会导致色斑。在鼻头接触鼻梁的两侧，常常有两个深色的区域，这与该区域皮肤长期受压有关——压力和摩擦会导致黑色素增多。

建议保护视力，尽量减少佩戴眼镜。

仰睡更有利于减少皱纹

一篇名为《睡姿对面部皱纹的影响》的论文称：单侧睡姿可显著增加面部皱纹。侧睡时，眼眶脂肪呈现出不规则的轮廓，眶周骨骼更加明显。下眼睑中凸，眼眶显得更深，鼻骨架、软骨框架和软组织的形状也被改变，鱼尾纹也更多更深。从理论上讲，仰睡更有利于减少皱纹。

密 集 护 理

密集护理 (intensive care)，是指不一定是人人都必需的、不需要每日都进行的非常规性护理，具有特定目的或即时效果。这些护理会使用特定的方法、产品或材料，过多使用可能造成皮肤损伤。

常见的密集护理措施有三种：面膜（眼膜）、去角质和深层清洁。

面膜和眼膜

面膜和眼膜的作用原理相同，所以合并介绍。由于裁剪的关系，面膜无法照顾到眼部凹陷区域，因此的确有必要使用单独的眼膜做眼周肌肤护理。此处所说的面膜是指常见的面贴膜、膏泥状面膜等以滋养肌肤、促进吸收为目的的面膜。

面膜利用了医学"封包治疗"原理，采用纸膜或者厚的膏（霜）体，使局部皮肤保持较高的温度和湿度，软化角质，加速有效物质渗透，达到护理的目的。在使用完面膜后，皮肤角质层含水量可立即提升，皮肤湿润柔软，透明度变高，即时效果明显，因此许多人迷恋甚至依赖面膜。

但是，把面膜作为密集护理措施，过度使用或不当使用会对肌肤造成伤害，因此，正常情况下，面膜使用建议如下：

· 放弃对面膜的幻想。面膜短暂的停留时间难以在抗老、美白、保湿等方面持续起效，抗老、美白、保湿需要全方位护理，不能单纯依赖面膜。

· 面膜敷贴时间一般在 15 分钟左右，敏感肌更要减少至 10 分钟以内。

· 健康肌肤每周使用面膜不宜超过 3 次（是指各种类型的面膜总数，不是指某种单一类型的面膜）。

· 敏感肌要少用面膜，尤其是含防腐剂种类多、刺激性大、香精含量高的面膜。

【过度使用面膜，肌肤很受伤】

每天做面膜会损伤肌肤。多数人连续使用面膜第一周时，肌肤状况显著改善，但是，若继续保持每天一片面膜的使用频率，皮肤反而会变差。这是因为高频率使用面膜，将会使皮肤变得"过水合"，就好比一堵墙整天浸泡在水里，吸水过度，其自身结构早晚会被破坏，一些配方不合理的面膜，频繁使用就更加不利于皮肤了。如果有人说自己的好肌肤是每天使用面膜的结果，这种说法很值得考证。

需要强调的是，即便是具有急救修复作用的面膜，也不宜连续使用五天以上。

[**小贴士**]

每天敷 3 分钟化妆水可以吗？

这是日本美容大师佐伯千津主张的方法，这和我的主张不矛盾。敷面膜时间每次长达 15 分钟，频繁的密集护理会导致角质层过水合而受损。但每天 1 次，每次 3 分钟，做 5 次才等于 15 分钟，不至于造成损伤，所以这种方法是可取的。

但我仍不建议敏感肌经常这样做，除非带有"治疗"性质。

每次敷贴面膜时间过长也属于过度使用面膜的行为。不少人敷着面膜就睡着了，以为这样很舒服、面膜滋养时间更长。其实这样做是不正确的。我曾经接到过一例求助，一位女士敷面膜过夜，晨起后皮肤痒、发红，起疹——这是长时间敷面膜导致的典型结果：

（1）面贴膜先密集补水，导致角质层过水合、松解，保水力减弱；

（2）体温加热面膜使其逐渐变干，面膜开始从皮肤吸收水分及 NMF（天然保湿因子）等天然自有保湿成分；

（3）皮肤失水过速，角质变干翘起，所以会起毛刺、瘙痒，甚至发红、起疹。

【根据肤质选面膜】

干性肤质：秋冬季节较为干燥，建议选用滋润度较高的膏霜状面膜，减少泥浆类面膜的使用。膏霜状面膜油分含量较高，能给干性肌肤带来更多的保护。

油性肌肤：可适度使用软膜粉、泥浆类面膜，一方面可以帮助吸附肌肤中过量的油脂，另一方面也有助于肌肤的深层清洁。但是使用频率依旧不要过高。混合性皮肤可在 T 区使用这类面膜，V 区则不要使用。

敏感肌肤：敏感肌使用面膜时，要特别注意。敏感肌是损伤性肌肤，角质层已经很薄了，皮肤屏障已经受损，神经反应性高，在面膜作用下，因皮肤水合作用加强，皮肤耐受度会进一步降低，某些乳化剂、防腐剂、香精对肌肤的刺激会增强，肌肤屏障会进一步受损。因此，敏感肌挑选面膜时应当选择成分简单、具有镇定舒缓效果的、肌肤不会感到刺激的，若配方中含有类似尿囊素、甘草酸二钾、红没药醇、仙人掌、马齿苋、洋甘菊等抗敏成分则更加完美。不建议使用卡波姆增稠基质的面膜。

敏感肌每次敷面膜 10 分钟左右为宜。敏感肌更适合使用面贴膜，要避免使用软膜粉、撕拉式面膜等对角质层有清理作用的面膜。

中性肌肤：选择面膜没有更多特别的讲究，只要参照干性和敏感肌肤的标准挑选肤感良好的面膜即可。

去角质

【为什么要去角质？】

如前所述，皮肤表面有一层重要的保护层——角质层。角质层在某些情况下会增厚，这可能会导致如下后果：

· 皮肤看起来硬、脆，不够柔软、透明，肤色发黄；

· 皮肤外层缺水，可能会起皮、脱屑，容易皲裂。

此时将多余角质去除，可以让肌肤立即获得明显改善，光彩照人，但也正是因此，去角质产品更易被滥用。

【角质层为什么会变厚？】

导致角质层过厚的主要原因有 3 种：

1. 内源性衰老：当人衰老到一定程度时，角质层会变厚。原因是新生细胞的更新速度变慢，所需时间大约为年轻时的 2 倍。

2. 外源性损伤：长期的摩擦、日光照射，会使角质层异常增厚。

3. 某些疾病：比如毛周角化症、缺乏维生素 A 等，会导致局部角质层过厚，引发毛孔堵塞、色素沉积。

【怎样去角质？】

常用去角质方法有如下几种：

· 物理摩擦：使用磨砂颗粒、化妆海绵、化妆棉片等对皮肤反复摩擦，使用盐或糖等硬颗粒搓鼻子，甚至用浮石刮搓（一般用于足跟等角质极厚的部位）等，均属此类。

· 撕拉剥落：将胶质涂在皮肤表面，形成膜之后揭开，利用胶膜的粘力把表层角质层剥落，常用的胶状撕拉式面膜、鼻头黑头贴均属此类。脱毛蜜蜡纸、橡皮膏药也有类似效果。

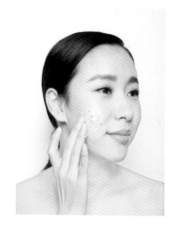

·化学剥脱：利用酸，主要是果酸（AHA）、水杨酸等软化角质，使表层细胞凋亡脱落。从木瓜、菠萝等提取的蛋白酶也可实现剥落效果。

【 什么样的皮肤需要去角质？ 】

从业十余年来，我接触到不少女性因为担心"角质层太厚而堵塞毛孔、影响护肤品的吸收"，所以非常勤恳地去角质，甚至将其当作日常保养方法频繁使用。

去角质的效果是立竿见影的：角质层变薄后，皮肤透明度升高，变得晶莹剔透、柔软有血色（因为真皮层血管外露），看起来吹弹可破、细嫩年轻。也正是因此，很多人就认为角质去得越多、越勤越好；美容院也为了追求这种立即变脸的效果而乐于采用去角质的产品和方法做"护理"。

我们已经知道，角质层具有非常重要的保护作用，角质层被剥得太薄，保护能力减弱，皮肤容易失水、干燥，外来刺激因素也容易刺激和伤害皮肤，加速皮肤衰老。

在我看来，正常皮肤并不需要特意定期去角质，角质层有自己的更替周期，过度去角质会造成肌肤损伤、敏感，令人担心。

必须认识到：角质异常有可能只是表象而非本质，此时去角质也只是治标不治本（比如紫外线导致角质过厚，本质解决方法是防晒）；角质过厚时可以去角质，但也不能过度。

冰寒提醒》

只有适合的人、适当地去角质才能达到既不损伤肌肤的健康，又能使肌肤更美的效果：

·决定去角质之前，先要判断自己是否适合去角质；

·无论使用哪种方法，只要肌肤出现任何不适，应立即停止；

·正常肌肤一个月去一两次就可以了；干性、敏感性、发炎肌肤不需要去角质；混合性肌肤仅适合在 T 区适度去角质。

我是敏感肌肤，皮肤毛糙、起疹，需要去角质吗？

敏感肌摸着粗糙不是因为角质过多，而是角质损伤、起毛造成的。采用修复、保湿措施，避免刺激，才能让皮肤重新变得光滑。此时去角质只会让肌肤更受伤。

敏感肌起的疹子，如果有脓，可能是细菌感染；若是红色或白色、个头较小，不化脓，则极有可能是受到了刺激后所起的丘疹，而不是普通"痘痘"。

总之，敏感肌不可能角质过多，也不需要去角质。

脂溢性皮炎皮肤出现脱屑现象，目前研究认为可能主要和马拉色菌有关，而不是角质过多脱落引起。遇到这种情况应当进行对应的治疗，盲目去角质于病情无益，甚至会让病情加重。

用去角质膏 / 啫喱能一下子搓出来很多东西，那是角质吗？

只有一小部分是角质。如果一瞬间就搓出这么多角质，皮肤会受到极大的伤害。这类产品添加了一些不稳定的胶质（如聚丙烯酸树脂类），碰到汗液和皮肤表面的带电离子或者 pH 值改变即凝絮搓泥。这种设计用于增强视觉效果，打动消费者，帮助销售。当然，这类产品中本身也会添加其他去角质的成分，达到去角质的效果，只不过通过这种视觉的方法让你"眼见为实"，感觉效果更加明显。

重新认识护肤品

理性对待护肤品

不理性地对待护肤品，你就无法驾驭护肤品，而会成为护肤品的奴隶。很多人对护肤品抱有不切实际的幻想，认为所有的皮肤问题都可以通过护肤品来解决，甚至可以快速解决。这可能会让你：

·轻信广告：广告一给出让你心动的承诺，就立即倾囊而购。

·缺乏耐心：皮肤状况的改善不会在一夜之间实现，如果缺乏耐心，即使用了正确的护肤品，你也可能等不及它发挥作用的那一刻。

·不满意和盲动：因为不能正确认识和使用护肤品，所以即使使用了适合的产品，很可能也得不到满意的结果，于是迅速地更换品牌，不断更换，花了很多钱，结果却仍然不满意。

·延误医学处理的时机：护肤品不是药品，它与药品之间的界限决定它不可能代替药品。许多人明明已经有皮肤病了，还幻想用护肤品解决，而不是早点求医。结果肌肤问题越发严重，还会错过最佳的医治时机。

也有一些人认为护肤品纯属广告噱头或心理安慰，实际上毫无用处。这也是非常片面的观点。

理性对待护肤品，需要正确认识护肤品以及护肤品与皮肤之间的关系——倾听肌肤的声音，给它想要的，并且要用对方法，这样才不浪费金钱、不损伤肌肤，更不会浪费宝贵的青春年华。

选择和使用护肤品的 4 个原则

【安全】

安全第一，即使不能让皮肤变得更好，也不要对皮肤造成伤害，这是选择护肤品最基本的要求。若你对护肤品的期待如下，就特别容易受伤：

·当你迫切地追求功效时。追求功效的心情越迫切，护肤就越不理性。改善肌肤的愿望过于强烈，以至于满脑子都被"管它呢，先用了再说"的想法占据，这时候你极有可能陷入虚假宣传和不安全产品的陷阱。

·当你只注重产品时。护肤品的安全性不仅体现在成分和配方中，还体现在使用方法上。一个好的产品，若没有被正确地使用，仍然可能对皮肤造成伤害。

【有效】

选择那些具有良好成分和优秀肤感的产品，而且要有针对性。有很多痘痘肌女性向冰寒求助，可是当问她们使用过何种去痘产品时，相当一部分人竟然回答："没有用过什么去痘产品，都是随便用用。"没有选择正确的祛痘产品，这些痘痘当然不可能自动消失。

【可信】

可信的产品不会进行夸张的宣传，成分表会进行清楚正确的标注，不会滥用自造的英文缩写名词，不会将自己虚构成国外品牌，也不会对消费者做出不切实际的承诺。

虚构国外品牌的常见做法

用较大的字体标注一个大名头，如法国 XX 公司，远东（香港、亚太、大中国区）分公司（控股有限公司、总部），再用极小的字标注国内的实际生产地。包装上中英文混杂，但常常免不了有许多中式英文或者拼写、语法错误。

【高性价比】

在一定范围内，受限于成本，护肤品的价格与效果是有相关性的。若是太便宜或太贵的话，就需要考虑你是否有必要为此付出宝贵的血汗钱。

有一些护肤品并没有什么有效的成分，也没有什么特别的配方，只是在视觉上做文章，但是卖得很贵；还有一些护肤品卖得极其便宜，分析一下它们的成分和成本构成，也不可能有什么效果。凡此类产品都属于低性价比产品，不值得购买。

爆红产品赚快钱的小把戏

网络购物发达，市场竞争也很激烈，一些牌子会推出非常廉价的产品，赋予产品一个很诱人的概念，再以极低的价钱出售，如"9.9元全国包邮"之类，通过平台网站、团购网站、微博等大力宣传，快速卖完一票后改头换面。是不是似曾相识？

还有一些产品，利用社交网络，联系一些明星发布产品信息，再冠以"泰国""瑞士"等国家名，许诺以"立即美白"等效果，标上很高的价格，一夜之间在网络上爆红。这种快速走红的产品值得仔细考察。比如有个号称泰国"童颜神器"的产品一度红遍大江南北，后来被焦点访谈调查揭露其实是地下加工厂制作的。

关于护肤品，你需要知道的名词

【护肤品和彩妆品】

护肤品和彩妆品都属于化妆品（cosmetics），但是二者的作用机制完全不同：护肤品 (skincare) 以滋润、修复、防护、抗氧化等机制以维护或改善皮肤本身的健康和状态；彩妆品 (make-up/color cosmetics) 以修饰、遮盖为手段达到快速、临时改变皮肤外观为目的。

大部分彩妆品都应适度使用，一些问题性肌肤更应避免使用。

有些遮盖性产品具备了保湿或某些护肤功能，成为跨界产品，如 BB 霜等，但从经验来看，有痘、敏感、损伤或过敏状态下的肌肤仍应谨慎使用。

【药妆】

药妆 (cosmeceuticals) 是指具有一定功能性的护肤产品，更应叫作"功能性护肤品"，也有的称为"医学护肤品"。药妆并不是一个严格的护肤品分类，某些品牌将出售地点限制在药店中以体现其专业性而把自己称为"药妆"。解决肌肤问题并非一定要选择在药店销售的"药妆"，它们的效果未必比非药店渠道销售的产品更好。

不过，很多功能性护肤品在设计目标上与传统护肤品确实有一些不同，比如：尽量少添加刺激性的成分、成分相对简单、添加功效性成分、多数不含香精，尽量减少乳化剂，有的还会做人体安全性和功效性试验等，但不在药店销售的部分产品，或者不宣称自己为药妆的产品，也可能会这么做。

我认为药妆代表了一种配方流派，但有时也可能只是一种营销概念，产品是否有功效并不取决于它是否自我宣称为"药妆"，而是它的配方。

【天然护肤品】

天然护肤品是一个相对的概念，几乎没有 100% 为天然成分的复合配方护肤品（天然干粉或固体类、带有自我防腐性的精油、蒸馏灭菌过的纯露等除外），即使是纯芦荟汁也可能有少量的防腐剂。各种乳、液、膏、霜等不太可能是全天然的，最多是主要或部分是天然成分，或者使用了天然成分的衍生物。事实上，"天然"也未必最佳，如天然维生素 C 价格高昂而且不稳定，所以护肤品中常用维生素 C 的衍生物，虽属人工合成成分但更安全、有效、稳定。这样的例子很多。

当然，在产品中尽可能使用天然的原料，这样有利于环境保护，也可以让产品更安全、更有效，但作为消费者应当区分号称"天然"的护肤品到底是真天然还是徒有天然的概念。

【 植物护肤品 】

与"天然护肤品"相似，护肤品很难做到完全追求植物成分，即使勉强做出来，可能在气味、稳定性、肤感等方面也无法被使用者接受。所以不需要过度注意护肤品是否为纯植物产品。但是，植物中提取出来的许多天然成分正在安全性和效果上显现出巨大潜力，我认为，植物成分为护肤品的未来提供了极多的可能。

【 无添加 】

一般认为：无添加是指不添加香精、色素和防腐剂，因为这些成分有一定的刺激性和致敏性，有一些品牌还将无添加的范围扩展至"无酒精、无矿物油、无 Paraben（尼泊金酯 / 对羟基苯甲酸酯类 ）"等。

不添加香精是完全可以做到的，只是产品可能不太好闻，有些人会不习惯。不添加防腐剂则多指不添加化妆品原料目录中所列的常规防腐剂，并不代表护肤品中没有任何具有防腐作用的成分，比如使用某些天然具有抗菌作用的成分（如精油、盐、苦参素、酒精等）或具有抗菌能力的保湿剂等。由于此类产品防腐力相对较弱，所以一般用小剂量胶囊、真空瓶包装。

总的来说，我认为护肤品无添加是很好的方向，对于儿童、敏感肌肤人群和低耐受性人群很有意义，但是无添加也对护肤品的配方、生产形成了限制。其实，正常皮肤不一定要苛求无添加，合理、稳定、对皮肤友好的防腐体系是更为现实的。

无添加或许比我们想象的重要？

已有研究表明，皮肤表面的微生物之间、微生物与人体之间形成了一种微妙而平衡的生态系统。当平衡被破坏时，就可能引发一些皮肤问题。暂时还不知道防腐剂对于这个系统的影响。如果防腐剂抑制了有害微生物的同时也杀灭了有益微生物，对人体而言就是损失。有害的微生物之间也有互相竞争和平衡的作用。如果打破了平衡使得某些有害微生物失去了竞争者，也可能会引发皮肤问题。

微生物与人体免疫系统之间也有互动关系。如果没有微生物存在，免疫系统不能得到必要的"训练"，"敌我"识别能力弱，会引发不必要的免疫反应，例如特应性皮炎，湿疹等。

从这些角度来看，在我们不知道如何促进皮肤微生态平衡之前，无添加护肤品或许比我们想象的重要。

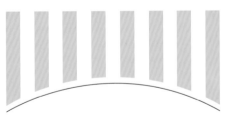

对于护肤品的效果应该有怎样的期待

护肤品的效果肌肤说了算

认为护肤品无所不能，或者一无是处、无非是一个心理安慰而已的看法都很极端。护肤品具有明确的护理作用——正确护理与疏于护理的皮肤，状态完全不同，即使天生丽质，也需要护理。所以不要去想完全摆脱或单纯依赖护肤品，这两种做法都不会收到满意的效果。我们应关注的是：怎样根据自己的情况选择合适的护肤品，避免使用不适合、有害、错误的产品或方法。

【护肤品的耐受性和效果极限】

有些人使用护肤品初期能看到明显的效果，后面的效果就不那么明显。这通常被称为是人体对产品产生了"耐受性"。其实这是正常情况，其原因可能来自三方面：

· 自己习惯于皮肤更好的状态了，如苏东坡所言："入芝兰之室久而不觉其香"。

· 皮肤不可能无限制地变好，总会有极限。越接近极限，改善的余地会越小。

· 某一种肌肤状况是由多个影响因素控制的，如果你只改善了其中的一部分因素，另一部分却没有加以改善，效果可能也不理想。例如：拼命使用美白护肤品，却不能很好地防晒，肌肤美白的效果就始终不能令人满意。

【护肤效果为什么会反弹？】

使用某些产品或方法后，皮肤状态很快变好了，但停用之后，皮肤状态在短时间内急剧变差，甚至比使用之前还要差，即护肤效果反弹。

引起反弹的多是含某些激素或重金属的速效护肤品，尤其是激素成分——如果不用它就反弹，形成激素依赖。这类护肤品并不少见，需要引起高度警惕。

若停用护肤品后，护理效果逐渐减弱则属正常。因为皮肤会自然、持续地老化，必须持续保养。就像吃饭一样，因为人会持续变饿，所以不能指望吃一顿后就可以永远不吃。

【关于速效美容】

护肤品的见效时间视其功能而定。

· 可以立即看到效果的：清洁、补水、润肤、保湿防晒类。

· 不可能立即见到效果的：祛斑、美白、祛痘、抗皱、修复等。

人人都追求美容效果快速见效，于是就有不法商家迎合这个心理，开发了许多不安全的速效护肤品或方法，例如：含抗生素或激素的祛痘产品、含汞或激素的祛斑产品、含氢醌或汞的美白产品，以及美容院强烈的去角质"护理"等。

强烈建议大家不要盲目追求速效，而应该尊重皮肤的自然代谢规律，以免皮肤受到伤害。

【怎样看待护肤品的刺激性】

护肤品的刺激性是相对的，不仅与产品的成分、浓度有关，也与肌肤自身的状况有关。

一些成分的确更容易产生刺激，例如低元醇类（最常见的如酒精、丙二醇）、挥发性物质（如香精、植物精油）、酸类（如乙醇酸）、某些抗菌防腐剂类等。

许多功效性成分也可能在浓度足够高的情况下对皮肤产生刺激（如维生素C），所以不能离开浓度谈刺激性。

另一方面，皮肤在损伤、角质层太薄的情况下会更容易受到刺激。比如水是非常温和的，若皮肤破了，即使喷上纯水也可能感到刺痛。所以，如果你使用很多种成分并不出格的产品也感到刺激，则必须检讨肌肤本身是否受到了损伤。

[**小贴士**] ━━━━━━━━━━━━━━━━━━━━

单纯性刺激和过敏是不同的

两者都可能有热、痛、红等现象，但二者的产生原因与特征很不相同。

受到直接的化学、物理刺激（如酸、热、冷、风）时，皮肤会立即感到辣、痛，出现发红，这就是单纯性刺激，这种刺激是一过性的：当这些刺激因素消除之后，刺激感会很快消失。造成这种刺激的主要原因是神经感受。

过敏则是一种免疫反应，有免疫细胞和因子参与，通常只发生于特定的人对特定的物质，就化妆品而言，通常在接受致敏物后至少过几个小时或几天才会发生，脱离致敏因素后症状也不会立即消失。

频繁出现单纯性刺激，应当检讨自身的肌肤健康状况，注重肌肤修复和保护；而出现过敏，则必须排查致敏原并避免再次接触。

皮肤受损的情况下，致敏原会更易渗透入皮肤内部，过敏概率会升高。

━━━━━━━━━━━━━━━━━━━━━━━━━━━━━━━━━

护肤品能被皮肤吸收多少？

关于护肤品的吸收，有两类极端的观点：

· 一类是许多产品宣传"直达真皮""瞬间渗透"，甚至"微整形"；

· 另一些人怀疑护肤品是否能够被皮肤吸收而发挥作用。他们认为皮肤非常牢固，护肤品很难被吸收，即使被吸收也是非常微量的水平，而微量的吸收不足以发挥作用，所以护肤品根本没什么用。

冰寒认为，以上这两种观点都有失偏颇。关于护肤品的吸收，有 5 个基本观点：

1. 皮肤可以吸收护肤品。吸收的极端例证是：经皮吸收中毒。这只能发生在真皮层以下，所以是最明显的吸收。

2. 不是所有的护肤品都需要吸收后才产生作用。

3. 吸收速度过快并没有任何益处，反而会对肌肤造成伤害、刺激，因此，请不要追求或相信"瞬间吸收"并为此花大价钱。

4. 皮肤坚固，吸收量少，不代表护肤品没有作用。许多物质只要极微量就可以发挥显著效用，例如各种维生素、微量元素、活性生物因子等。

5. 吸收有层级。一般来说吸收是指进入皮肤内部，但内部的概念很广泛：有的是渗入表皮细胞之间，有的是进入表皮细胞内部，有的是进入真皮层。浅层吸收也可以发挥作用。

护肤品不是一定要被吸收才能发挥作用的。简单来说，清洁类、补水、润肤、保湿类、防晒类的都无须吸收，只需要在皮肤表层就可发挥作用。防晒剂若被吸收反而会引起不良反应。

皮肤吸收是一个复杂而缓慢的过程，而且不易被感知。平时我们感受到的一般是"贴肤性"，比如护肤品涂在皮肤上很快就感觉不到了，这只能说明产品的贴肤性好而已。

有些女性在涂了护肤品后觉得油腻，就会说"很不容易吸收，东西不好"，其实事实可能完全相反。比如：水是不容易吸收的，但是天然脂类比较容易吸收，而矿物油则不会被吸收。许多含有丰富营养的产品都需要添加油分以满足吸收性、滋润性的要求，除此之外，油还可以让营养成分逐步释放（缓释），使皮肤得到长时间的滋养。所以，不要把看起来油的产品认定为不好的产品。

在描述对护肤品的使用感受时，我建议多用"贴肤性"这个词，避用"吸收性"，以免误导他人。

[**小贴士**]

快速吸收的假象

有一些产品会在产品中添加较多的醇类、环状硅氧烷类，这类成分在体温作用下会快速挥发，让你感觉到"吸收很快"。

看懂护肤品成分表

护肤品成分解读

护肤品有多种形态（剂型），不同的呈现形态有的是为了方便使用，有的则是让产品有不同的概念。在这众多的形式背后，实际成分却有着共同的特点：除了纯固体的粉末（如面膜粉）、结晶体（如盐）之外，无论形态如何变化，其组成都可以分为水、油或水油混合。

水和水溶性成分，被称为水相，常见的是各种爽肤水、精华液；油和油溶性成分，被称为油相，例如各种精油、浸出油、按摩油、护肤膏。

护肤品可以是单纯的水相，也可以是单纯的油相，最常见的是水和油混合在一起的乳、霜、膏。

上述不同的产品基本形态，加以不同的包装形式和辅料，可以做成喷雾、摩丝、面贴膜、胶囊、啫喱等最终形态，主要是为了方便使用或保存，不会从本质上改变其使用效果。

构成护肤品最基础的油相、水相成分被称为基质部分，一个完整的护肤品还可能需要添加以下成分：

1. **功效成分**：有特定功效的成分，如保湿、美白、淡斑、收敛、舒缓、防晒、软化角质等。

2. **防腐和抗氧化成分**：防止细菌、霉菌繁殖，以免产品在保存期间腐败，或者防止油脂类的氧化（这对天然油脂特别重要）。

3. 乳化成分（表面活性剂）：如果是水、油混合，必须添加乳化成分。

4. 修饰成分：香精、色素类，改善颜色和气味，让产品更讨人喜爱。

了解上述知识，是看懂护肤品成分的基础——如果今后你愿意学习一点这些知识的话。

[**小贴士**]

水和油是怎么混合起来的？

如果将油和水放在一起，油通常会浮在水面，也就是油水会分离。为什么护肤品中油和水并不分离呢？

这要借助叫作表面活性剂的物质。表面活性剂又叫乳化剂，它们可以改变油、水交界处的表面能，使油滴均匀分散在水中，或者让水分布在油中，这就是常说的乳化。

乳化体通常并不稳定，需要加上适当的增稠剂，让混合体保持一定的黏度（可以把增稠剂理解成一张网，将分散后的油滴和水滴固定在不同的网格里），就可以使水、油在加热、震荡、静置等条件下，仍然保持均匀分散。

有人认为，乳化剂并不是对肌肤友好的成分，它们可能会破坏皮肤正常的皮脂膜，导致皮肤中的天然油脂更易流失。冰寒认为这种看法有一定道理，但在某些情况下，乳化剂的使用是不可避免的，合理使用乳化剂也会带来一些好处，可能需要做一些权衡，避免过多使用给肌肤带来不必要的伤害。

护肤品的成分分析并不是对产品的全部评价，其他因素也会显著影响产品品质：

要完全理解护肤品不是一件容易的事，理解了上述基本概念后，在遇到不实、夸大宣传时，就具有了一定的识别能力，避免盲目选择。后面我将教读者看化妆品成分表。

[**小贴士**]

护肤品可以不同品牌混搭使用吗？

不要冲突就好。不冲突是指：性状不会因为混合使用而发生改变，有的护肤品搭配使用会产生起絮、搓泥、分层等现象，所以在混搭使用之前需要试用，确保其中的成分不会相互影响，例如一个酸一个碱，有可能中和；活性因子如一些肽类可能受到另一产品中金属元素、酸或碱的影响等，这需要对护肤品成分进行分析。总的来说，使用成套产品比较稳妥，但也不是绝对不能混搭。

防腐剂——权衡利弊的艰难选择

防腐剂是护肤品界的热门话题，也常常被人所诟病，有的人甚至到了谈防腐剂色变的地步。防腐剂的使用，是工业界权衡利弊的选择，总的来说，就目前而言，化妆品使用防腐剂得到的好处比不使用更多。

防腐剂的弊端主要是造成接触性皮炎（刺激或过敏），尤其是甲醛供体类、甲基异噻唑啉酮和甲基氯异噻唑啉酮；此外还可能影响微生态；某些尼泊金酯类（对羟基苯甲酸酯类）被怀疑可能影响内分泌，2014 年欧盟宣布禁用五种，分别是：羟苯异丙酯、羟苯异丁酯、羟苯苄酯、羟苯苯酯、羟苯戊酯，不过低碳链的尼泊金酯类（包括甲酯、乙酯、丙酯、丁酯）仍然普遍被认为是安全的。防腐剂的使用一直受到严格的管制，在所有国家的化妆品监管体系中，都属于重点管制对象。

但是，目前还无法避免防腐剂在化妆品中的使用。化妆品作为大规模生产的工业产品，涉及原料采集、制造、存储、长距离运输、销售、使用等各个环节，这个过程可长达两三年，面对不断变化的环境，很难想象在如此长的时间、多变的环境挑战下，含有大量有机物、水分的化妆品能够品质如一。即使在生产、储运、销售环节可以保证无菌环境，但消费者总要打开包装，产品在使用中也会暴露于空气中，而且不可能一次性用完。所以没有防腐剂来抑制微生物生长是万万不能的。

工业界固然应当继续努力开发更低刺激、对皮肤更友好的防腐剂新品，甚至努力走向无防腐剂，但消费者也不必对防腐剂感到恐慌。允许添加的防腐剂都只在一定限量范围内使用，造成直接的刺激、过敏是小概率事件，基本的安全性是有保障的，因此只要注意试用、测试，防止产生不良反应就好。

在未来，有必要进一步研究防腐剂对皮肤微生态和健康的影响，筛选更加安全、负面影响更小的防腐剂。

学看护肤品成分表

看懂成分表是理解一个护肤品的基础。世界主要国家和地区，包括中国，都要求正式出售的产品依照一定的规则标明成分表。

通过分析成分表，你可以大致了解产品的效果是否与宣传一致、产品是否适合自己、标示是否有不规范的地方、关键原料是否存在、各成分的实际浓度大致是多少。

当然，护肤品最终的质量与效果并不仅仅取决于成分表，还取决于原料、配方的合理性，制造工艺，生产质量控制，甚至包装材料。但无论如何，成分表是最直观、最基础的要素。

【成分表的主要规则】

所有成分，都应使用标准名称——INCI 名称，如果暂时没有 INCI 名称，才使用俗名。

成分不能使用修饰语。例如：XX 提取物，若写成"天然 XX 提取物"或"法国 XX 提取物""有机 XX 提取物"等，是不允许的。

所有在中国出售的产品，都必须用简体中文标注成分表；进口产品本身是使用外语的，应加贴中文成分表。

所有成分的排列顺序，按含量 / 浓度由高到低，依次降序排列。含量在 1% 以下的成分，可在最后一种含量 ≥ 1% 的成分后面随意排列。

所有成分都必须列明，除非是不可避免的自然带入，或者已经是某种原料的天然组成成分。不得隐瞒成分。

INCI 名称

即国际化妆品原料命名（international nomenclature of cosmetic ingredients）是国际标准的化妆品原料命名，中文 INCI 名称主要的原则如下：

1. 每个 INCI 名称对应一个标准中文名称。

2.INCI 名称与《中华人民共和国药典》和《中国药品通用名称》中药品名称相同的原料，除个别药用辅料名称外，译名皆按这两个资料中的中文名称命名。

3. 植物性原料的中文名称后面的括号内加植物拉丁文属名和种加词。

4. 部分原料的中文名称，括号内为该原料的常用名称。例如："抗坏血酸（维生素 C）"。

5. 为避免中文名称过于冗长，某些 INCI 名称中的缩写词不再译出，可以直接引用于中文。

【 怎样判断不同成分的大致含量？ 】

根据成分表的规则，是可以判断大致的成分含量的。

成分表的前半部分，含量较高；而防腐成分、香料含量通常不能超过一定的上限，一般含量是低于 1% 的；一些常用的成分如透明质酸钠、卡波姆，含量一定是小于 1% 的，像透明质酸钠，含量达到 1% 的话，产品也许会黏稠到拉丝一米长，所以不可能高于这个比例。

只要你能找到透明质酸钠、香料、防腐成分、酸碱调节剂（如氢氧化钠、三乙醇胺）的位置，它们前面的成分，含量就是 1% 左右。

基质中的成分可以不用过于在意，有效成分的含量更应关注——护肤品的核心功能是由有效成分去完成的。除了一些特殊的原料（比如一些微量元素、维生素活性蛋白或肽）只需要极低的浓度即能发挥作用外，一般有效成分的含量不应该太低。

如果所有的有效成分含量都非常低，那么这个产品能不能实现它所宣称的效果，就很值得怀疑了——除非是最普通的保湿产品，只需要水相和油相的保湿成分发挥保湿作用。

下面的成分表，你能找出 1% 左右的成分吗？

成分: 水、丁二醇、聚二甲基硅氧烷、甘油、牛油果树果脂、硬脂酸、聚丙烯酰胺、棕榈酸、PEG-100 硬脂酸酯、3-o-乙基抗坏血酸、辛基十二醇、月桂酰肌氨酸异丙酯、甘油硬脂酸酯、季戊四醇四（乙基己酸）酯、鲸蜡醇、C13-14 异链烷烃、苯氧乙醇、辛甘醇、辛酰水杨酸、香精、月桂醇聚醚-7、柠檬酸、黄原胶、柠檬酸钠、EDTA 二钠、聚二甲基硅氧烷醇、生物糖 胶-1、脱氢乙酸钠、水杨酸苄酯、芳樟醇、阿魏酸、苧烯、苯甲醇、香叶醇、牡丹根提取物、当归根提取物、柠檬醛、香茅醇[730285/33;B52263/3 A]

巧妙利用成分表省钱

这些年，会有一些产品突然爆红，网络上很多人"推"，有的还很贵。各种美好的承诺，说得天花乱坠，让人感觉不买就后悔。但仔细看看产品，就会发现一些产品的运作者是赚快钱的营销高手，擅长以概念获得销售，产品的可信度、有效性都相当低。

由于成分表具有特定的规则，不符合这些规则的话，就很值得怀疑生产者的专业度了。

【从成分表看也许不可信的产品】

· 包装内容都是中文，唯独成分表是英文的——可能是故意为之，不想让消费者看明白，这种做法也是违反法规的。

· 成分表中英文混杂的（植物加注拉丁文的除外）。

· 成分表里面使用大量的修饰语：例如"进口 XXX""精纯 XXX""稀有的 XX"等。

· 成分表不使用 INCI 标准名称，例如：透明质酸钠写成"透明质酸""玻尿酸"或"HA"。

· 成分表不完整：例如普通的产品没有防腐成分（含有高量酒精、单方精油等的例外）；明明是乳化体，却不标明乳化剂等。这方面的判断需要的专业知识更多一点，有兴趣的可以自己多钻研化妆品成分类的专著。

上述原则不是普适的，这些原则比较适用于大规模在市场上推广和销售的正式产品。一些爱好者对护肤品有钻研和兴趣，做些自己用或小量出售、分享，没有正式的包装，也很常见，不少知名品牌当年也是从厨房、实验室里走出来的。但产品是否好、安全，完全取决于制作者的专业度，所以最终的判断仍然要基于对制作者和产品品质本身的了解。即使如此，要成规模地去销售、推广，也应按相应规范操作。

另有一些传统国货品牌，可能因为产品更新、运营节奏没有跟上最新的法规变化，沿用过去的老包装文字，也可能有成分表标示不规范的问题。

【从宣传看也许不可信的产品】

· 凡是宣称速效的，尤其是快速美白淡斑去皱的，都应当慎重下手。

· 凡是以黄金、钻石、铂金这类对人体皮肤毫无关系的贵重物质作为宣传重点的，都不必急于购买（放在指甲油里就算了）。

· 凡声称使用了基因、端粒技术等尚未被批准用于化妆品的前沿科学手段的，都应当谨慎考虑，因为化妆品不允许改变人体的结构和功能，化妆品不可能改变人的基因——当然，防晒、保护 DNA 不被损伤等方法除外，但这些实际上是保护措施，而不是真正的基因技术。

[**小贴士**]

透过广告宣传看成分

成分都是枯燥难懂的技术术语，广告里要是整天谈成分，会很无趣。营销人员常会根据消费者的喜好和理解能力，对产品进行策划，使之更容易打动人，也更容易理解。但是营销人员不是技术人员，也常常出现不知所云的情况。所以最好还是关注产品本身使用的真实成分是什么。

例如广告很喜欢说"XX 滋养因子""XX 精华成分""逆时空精华"，指的都是具有一定功能的功效性成分。拿到产品后，你可以根据前面学习到的知识，判断它的浓度，查询相关的资料，看看是否值得购买。

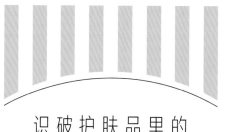

识破护肤品里的
小把戏

除了清洁、保湿、防晒，多数护肤品都不可能在很短时间内起效。但市场竞争非常激烈，怎样才能短时间内让消费者"眼见为实"，说服消费者购买呢？不少产品就会玩一些小把戏。这些小把戏不一定是骗术，但有些商家把这些吹得天花乱坠，产品价格高得离谱，就不一定值得购买了。

即时美白

添加遮盖剂如滑石粉、二氧化钛等就可以让皮肤看起来更白，不少面膜会这样做，尤其是膏泥状的。有段时间添加荧光增白剂很是流行。荧光剂在日光中的紫外线激发下，

可以发出亮白的可见光 ，让皮肤显得更白。某些添加荧光剂的面膜通常会隐瞒所添加的荧光剂成分，建议不要购买。某些正常成分也可以发出荧光，需要区别对待。

快速吸收

添加挥发速度较快的烷类、醇类，让人觉得护肤品很易吸收。其实护肤是一个循序渐进的过程，吸收过快反而容易出问题。

泡泡面膜

声称能迅速为皮肤补充活氧，其实是在其中添加了低沸点的醚类（甲基全氟丁基醚、乙基全氟丁基醚等），在体温作用下快速气化，产生密集的小泡泡。有此视觉效果，现场介绍产品，当然非常有吸引力！幸好这样做对皮肤可能没有什么害处。

发黑排毒

十多年前，就有电视节目对"发黑排毒"进行了揭秘。一般配合器械使用，在皮肤上按摩一会儿之后会变黑，美导会告诉你这是排出的铅、汞、激素等等。实际上这只是利用了一些化学反应。请记住：没有什么仪器可以在脸上按摩几下就能排毒。

概念性成分

有些产品本来没什么出奇的，为了有噱头，会在里面添加一些含量很少的概念性成分，比如只添加千分之一甚至更少的植物提取物，就声称"含有 XX 植物精华"。这么说也不算撒谎，但很难起到真正的效果。

厚道一点的做法是也使用其他有效成分，比如添加比较多的维生素 C，然后添加很少的植物提取物。这样既有了植物的概念，也有了实际的功效，在宣传时主要宣传植物。这么做也可以理解，因为多数植物提取物都有较深的颜色，或者特殊的气味，可能效果不错，但气味性状令人难以接受。

2012 年，冰寒参加的一档电视节目讨论了荧光剂面膜的问题，被《红秀》杂志列入当年十大美容热点事件，电视、网络媒体的持续报道使这一现象广为人知。事实上，不仅面膜，一些面霜、泥膜也都有添加荧光剂的做法。关于荧光剂，有哪些不为人知的秘密呢？

为什么有些产品要添加荧光剂？

这是利用了消费者快速求美白的心理。荧光剂是一类能够在紫外线下发出蓝白色光的物质，由于日光中有紫外线，因此当皮肤上涂有荧光剂时，荧光剂在日光下被激发出蓝白色光，可以让皮肤显得很白。

只有荧光剂才能发出荧光吗？

能吸收紫外线并发出荧光的成分很多，包括许多植物提取物、某些防晒剂、水杨酸等，这些成分也都会写在成分表上。但是，能够在皮肤上发出这种独特的、亮蓝白色荧光的成分，非常少见。植物成分的荧光一般很微弱，呈黄、绿、橙色，不会是亮蓝白色。

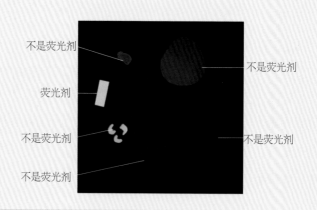

不是荧光剂　　不是荧光剂　　荧光剂　　不是荧光剂　　不是荧光剂　　不是荧光剂

因此，如果发现化妆品里面有这种强烈的蓝白色的亮荧光，成分里又没写出什么可导致荧光的成分，就很有可能是添加了荧光剂导致的。

....

荧光剂有什么害处？合法吗？

荧光剂有很多种类，安全性各有不同。总体来说，关于荧光剂的毒理学、对皮肤的影响方面的研究还不够多，因此它在安全性方面有争议一些。由于它之前是工业用途，没有人添加在护肤品中，以至于化妆品法规中并没有对它进行专门规定。荧光剂在洗衣液、洗衣粉、纸张、纺织品中的应用历史很久，但这类添加成分不会转移到皮肤上。

在台湾，某些非迁移性荧光剂规定可添加入产品中，即它不能附着于皮肤上，要能够即时被洗去。

不过从冰寒过去测试的一些产品看，添加了荧光增白剂的产品为了达到让皮肤美白的效果，具有很强的亲肤能力，用肥皂洗都洗不掉。由于在成分表中找不到它们的名字，具体是何种物质，恐怕只有生产厂家知道了。

根据相关法规，化妆品成分表必须列明配方中添加的所有成分，因此，在成分表中隐瞒荧光增白剂的做法不合法规。此外，隐瞒添加荧光增白剂的做法揭示了厂商不诚信、投机取巧的一面，这种品牌也难说值得信赖。

....

怎样检验自己的化妆品中添加有荧光剂？

在暗室中，用一个紫外验钞灯或者紫外小手电照射你的化妆品（可以涂在手上，但不要涂在静电复印纸上），如果发现蓝白色的荧光就要高度怀疑。如果能用专业的伍德灯（长波紫外线灯）照射就更好了。现在市面上的紫外小手电多使用 LED 灯珠作为光源，光谱中有较多的可见光成分，观察效果有时不够明显，建议尽可能选择光谱较纯的紫外灯。我们发现某些香精和表面活性剂稀释后也可以发出蓝白色荧光。如遇到这种情况，需要寻求专业实验室的帮助。

小心无良护肤品

爱美人士爱美心切，但因为市场监管总有死角，一些不法商家在产品中添加了有害成分，以达到快速美容的目的。其中，常见的有类固醇激素、重金属类、抗生素、氢醌这四类。

激素——在非法祛斑、祛痘、抗敏产品中高发

某些含有激素的速效护肤品应当引起消费者的特别警惕。地塞米松、可的松等"肾上腺糖皮质激素"，本来是用于对抗顽固或者非特异性炎症的药物，在皮肤病治疗中广泛使用。这些药物使用不当，也会对皮肤乃至身体造成很多不良后果，因此，在化妆品中禁止添加。

有些不正规的产品违法偷偷将激素添加到护肤品中，使用后只要几天，皮肤就变得很嫩，炎症和丘疹快速消失。这类药物的副作用是阻止蛋白质的合成，使角质形成细胞增殖受抑制及成熟加快而使表皮变薄，长期使用皮肤就容易患上激素依赖性皮炎，变得非常敏感；一停用皮肤就会缺水、起皮、毛细血管暴露，有的会有色素沉着，真菌感染率升高，引起继发性的皮肤炎症性疾病；还有的会有类似雄激素的作用，导致使用部位汗毛加重，使用的部位越多，后续的修复就越麻烦。

正规的皮肤科医生通常会在给患者开激素类药品后叮嘱：好转后立即停用，同时使用修复类产品，帮助皮肤重建屏障，不可贪恋一时的表面效果。

美容院产品、医院院内制剂是激素的重灾区。后者只有医生开处方才能购买使用，不少人不知其中的利害，用了之后皮肤好转，以为这是种好的护肤品可以长期使用，左托右请，弄出更多来天天用，结果就悲剧了。

某些添加激素的无良护肤品厂家会把产品送到检测机构检验，但送检样品不添加激素；激素的种类很多，检测机构可能只检其中的少数几种或者只检与激素无关的项目等，这样厂家就能获取一纸"检验合格"的报告（其实只是针对已检项目的合格报告）；更有甚者，直接用图片处理软件伪造检验报告，令人防不胜防。对速效产品保持警惕，了解激素产品的作用特点，应成为护肤必修课。

冰寒提醒》

如果发现某些产品一用皮肤就好、一停皮肤就变得很差（即"反弹"），再一用又好，极有可能是添加了激素，应当立即停止使用并就医。

如果购买一些治疗皮炎的药膏，不论是不是非处方药，都建议仔细阅读药品说明书，弄清药物的性质以及注意事项。如果看到"糖皮质激素""类固醇激素"这样的说明，要十分注意用药的安全，见好就收。

[**小贴士**]

雌激素是肾上腺糖皮质激素吗？

雌激素属于性激素，并不是糖皮质激素，其作用机制也完全不同。雌激素并不会导致激素依赖性皮炎，但它可能会干扰内分泌。无论是性激素还是肾上腺糖皮质激素，都是化妆品中的禁用物质。

"男性不能用女性化妆品，因为女性化妆品里面添加了雌激素"的说法更是无稽之谈。

重金属

重金属一般是指密度大于 5 的金属，种类很多。在食品、化妆品中最受关注的重金属是铅、砷、汞、镉，因为这几种重金属会在体内累积，可能引发或者间接导致激素紊乱和多种健康问题，如癌症、神经问题、失忆、情绪波动、生殖和发育紊乱、肾问题、骨疾病、头痛、呕吐、腹泻、肺损害、皮炎和脱发等等。因此很多重金属是严禁添加到化妆品（包括彩妆、护肤品）和食品中的。

关于化妆品中重金属问题的讨论经常见诸报端，有些人对化妆品的安全性十分担心。其实，在化妆品中添加铅、砷没什么必要，说"很多化妆品重金属都超标"是危言耸听。

但是，必须关注汞。古代的许多宫廷秘方，就是以汞来作为美白成分，相传至今。氯化氨基汞是其中的宠儿，它纯白、无味，不影响产品外观，一些不法厂家将其添加入祛斑产品中。长期使用这类产品，皮肤会受到严重损伤，并且出现黑色斑片，无法修复。

检测重金属需要专用的仪器和方法。通过产品在水中浮沉判断是否有重金属；用银戒指划，根据戒指是否发黑来判断产品是否含铅等做法都不靠谱。因此，需要在正规、可信的渠道购买正规产品，不要听信天花乱坠的吹嘘。

时常有一些新闻炒作一些知名产品中的微量、痕量重金属，冠以"口红有毒"之类的夸张标题以吸引注意，不明就里的人很容易紧张。这些新闻甚至还会被一些传销品牌利用，用于攻击其他品牌，然后声称自己的产品绝不含任何重金属。

冰寒提醒 »

其实，不必对正常产品中残留的重金属过于恐慌。任何东西包括食物、化妆品、饮用水都不可避免地含微量重金属，只要残留量在规定的安全限值以下，都被认为是安全的。目前中国化妆品标准中规定铅、砷、汞的限值分别为 10mg/kg、2mg/kg、1mg/kg。

[**小贴士**]

"毒性"或"毒物"和"会造成毒害"不是一回事

有毒物质要造成毒害，至少要满足一定的暴露剂量。例如：

一天吃 100 克大米，米的铅含量是 1mg/kg，则每天铅暴露量为 0.1mg；

一年用掉一支唇膏 (5g)，铅含量是 3mg/kg(这个数字相当高了)，则一年的唇膏总铅暴露量为 0.015mg。

如此比较，吃一天大米所摄入的重金属比用一年唇膏要高 7 倍，但恐怕没有人说大米有毒。只要能区别毒物、毒性、毒害作用的概念，就能避免恐慌，这就是科学和理性的力量。

抗生素

从历年官方通报情况来看，某些祛痘产品违法添加氯霉素、甲硝唑等抗生素偶有发生。抗生素应当在医生的指导下作为治疗手段使用，滥用抗生素可能导致皮肤微生态的失衡、人为筛选出耐药微生物而使问题更为棘手。祛痘产品现已被纳入特殊化妆品管理，必须通过检测以证实不含氯霉素、甲硝唑。其他护肤品添加抗生素的可能性较低。

氢醌

氢醌的化学名是对苯二酚，是一种对黑色素细胞有毒性的物质，常作为药物用于治疗一些严重的皮肤色素增多疾病。以前，氢醌的副作用没有被充分认识到，所以使用一度泛滥。它的副作用包括皮肤刺激、致敏、黑色素细胞毒性而导致皮肤色素脱失（类似白癜风），有的还会发生外源性褐黄病，真皮中的色素会异常增多，难以治愈。没有必要冒着氢醌的毒性和副作用的风险去获得（还算不上最强劲的）美白效果，有许多成分效果更好、安全性更佳，例如光甘草定、桑白皮提取物等。

随着研究的深入以及法规的健全，氢醌被禁止用于护肤品，不过，由于它确实有可靠的美白效果，一些不法厂商还是偷偷添加。这也是我一直建议大家不要随意购买来路不明的美白产品的原因。

化妆品的真与假

这真是一个伤心的话题，但又不得不切合当下的实际而提及。假货也许是走向完全规范的市场经济必须经历的关卡，但毫无疑问，它事关每一位消费者的权益。

当前化妆品的假货问题相当严重，不过假货并不仅存在于网上，在实体店中可能更严重，网络不过是个缩影罢了。

化妆品"假货"的几种类型

1. 纯粹假货。这是我亲眼所见。这类产品制作粗糙、价格低廉，在三四线城市、批发市场，某些不正规的所谓连锁店均有销售，经常出现在一些展览会上（一般展览会开三天，第二天下午一些展商就会撤走，摊位会被小贩占据销售这类产品），比较容易识别。

2. 真假混卖。由于税重、渠道费用太高，做大品牌正品，销售商利润十分有限，于是就有人打歪主意，真货假货混着卖，以获得较高利润。这种做法不限于网络销售渠道，地面渠道也可能会有。

3. 高仿正装。这种产品做得很像真货，外行基本看不出来。而且这类产品的制造商很有"职业操守"，产品不违规，以安全为目标，不会让人用出问题，在海外转一圈再回来的据说也有，可以说非常"职业"。造假基地主要在沿海某些省份，通常都是以低价赢得市场。为了让自己看起来正宗，有的仿品还常常冠以"台湾版""港版""越南版"等名号。

4. 假冒小样。正品太碍人眼，卖小样、中样的价格低也不容易令人起疑。中小样中有不少都来路不明。卖中小样的商家，成交量特别大的、价格很低又源源不绝的，一定要慎重。

5. 水货（未交关税的产品）。其实这类可以认为是真货，只是未缴关税。海外有不少兼职卖家代购。我想提醒的是：代购是通过包裹而不是集装箱方式进入国内的，所以数量毕竟有限。一般真正的代购卖家交易量都不会大到超出想象的范围。

为什么专柜不愿意为你验货？

你一定常常看到卖家在介绍中写：接受专柜验货，可以专柜验货！

敢这么写，是因为专柜很少会验货。从法律的角度讲，专柜确实没有为非顾客验货的责任。试想，你没付专柜任何费用（送检测中心可是要交费的），也没有给专柜贡献一分钱销售，反而抢了人家的饭碗，还要让人帮你干活儿，谁会乐意呢？

而且，对于高仿产品，专柜人员若不是专门培训过的，或者有特殊的检验手段，也是很难鉴别出来的。

就算是人工鉴别出来了，也不一定有法律效力。人工鉴定主要依靠感观。比如让专业人士闻玫瑰精油，他闻出来到底是香精还是精油；看化妆品的包装，通过字迹、工艺或许也可以知道是真还是假，但这种主观判断很难作为法定认可的证据。

购买正品化妆品的几个建议

1. 不要贪便宜。

2. 海外直购，不要选规模太大的店，要选可靠的人（这要通过长期接触考察确定）。

3. 选可靠的渠道，优先选品牌旗舰店、品牌授权店、正规流通渠道，如大的连锁超市、百货商场的直营专柜。

4. 如果预算有限，也完全可以选择优秀的国产品牌，相对来说，国际品牌被假冒的可能性更大一些。国内品牌这些年也有进步很快的，例如上海家化的很多产品。在生产质量控制方面，上海、苏州的很多工厂管理是相对严格的。

小链接

刷条形码能不能鉴别产品的真伪？

有一种软件，声称可以通过扫条码知道货物的真假，这是很不可靠的。一是因为数据库不一定对，二是如果假货的包装、条码和真货一样，它也无法辨别。这种软件的工作机制是扫描到产品上的编码，再与其内部的数据库中存储的编码匹配，匹配一致就会在数据库中找到商品名称。但机器只认识条码，所以拿一张有码的纸片扫一下也没什么分别。另外，若商家的内码（如出库码）没有在其数据库中，匹配就会失败，它就可能把爽肤水扫成纸尿裤。

洁面产品

清洁的原理

清洁一般通过三种途径完成。

1. 溶解：水、醇类可以溶解水溶性或醇溶性的物质，例如皮肤表面的盐类、溶于醇的彩妆成分等；如果是油溶性的物质，例如抗水彩妆，则需使用有机溶剂如矿物油、植物油将其溶解出来，再冲掉。

2. 乳化：这一作用要通过我们常说的"乳化剂 (emulsifier)"来实现。它们针对不能溶于水（疏水 /hydrophobic)的油性物质，使之乳化，均匀分散于水中，然后洗脱。洁面乳、洁颜粉、洗面摩丝等，都属此类。为了便于应用，这类产品又产生了多种形态，例如：啫喱、膏、霜、乳、露、块状固体、粉状体，或将它们浸在无纺布或无尘纸上，形成湿巾 (wet wipes)，或者干巾 (dry wipes)。当然，干、湿巾中不仅可以有表面活性剂，也可以加入醇类，其纤维结构有机械摩擦清洁作用，下文另述。

3. 机械摩擦：机械摩擦是指使用机械力，直接将皮肤表面的物质清除。摩擦越充分、有力，清洁力就越强。手就有一定的摩擦力，不过由于皮肤表面有毛孔、皮纹、皱纹这样的凹陷结构，若污垢隐藏于这些部位，手的力量无法触及，清洁可能就需要借助化妆棉、海绵等辅助工具。

衡量一个清洁产品的洗净能力，有去角质力和清洁力两个指标，读者可以参考下图[5]，根据自己的皮肤状况选择合适的清洁产品：

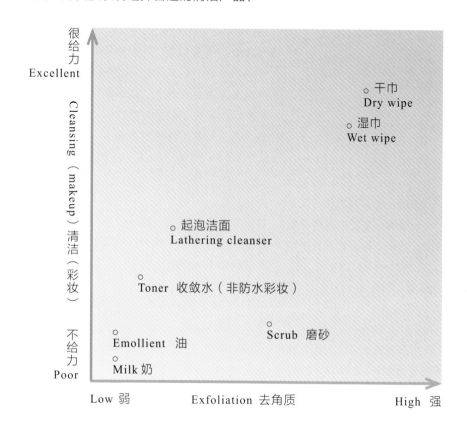

选择一支适合你的洁面乳

一支好的洁面乳，应当既能充分清洁肌肤，又不会损伤肌肤。根据自己的肤质来选择合适的洁面乳，才能达到最佳保养效果。

【洁面乳的配方类型和适用肤质】

洁面乳可根据其所用表面活性剂来分类。表面活性剂的去脂力、刺激性决定了洁面乳的基本性质。洁面乳常用表面活性剂见下表：

类型	代表成分	说明	建议肤质
皂基（脂肪酸盐）	脂肪酸钠、脂肪酸钾、脂肪酸乙醇胺	产品配方中有较高的脂肪酸和碱。常见的脂肪酸有肉豆蔻酸、月桂酸、硬脂酸等，常用的碱是氢氧化钾、氢氧化钠。最终产品里并不会有氢氧化钠或氢氧化钾，因为它们会与脂肪酸反应后生成皂。使用后肤感十分干爽	油性肤质、混合性肤质的油性区
天然衍生物	甜菜碱、烷基葡糖苷、氨基酸衍生物（常见的有椰油酰甘氨酸钾、椰油酰谷氨酸钠等。可简写为"XX 酰 X 氨酸 X"）	较温和，刺激性低，清洁力也很强。洗后感觉比较滑，干爽感可能比不上皂基	适合各种类型肌肤使用
其他合成物	月桂基硫酸钠 (SLS，十二烷基硫酸钠)、月桂醇聚醚硫酸酯钠 (SLES)，磺酸钠类	清洁力强，SLS 具有一定刺激性，故在试验中常用作刺激试验的基准物。SLS 和 SLES 搭配可以降低其刺激性。SLS 和 SLES 被有些宣传说得很吓人，但实际上它们没那么好，也没那么差	除敏感、干性肌外都可以使用，身体肌肤也可以使用
其他天然物	卵磷脂	可由天然物中提取获得，无刺激性，清洁力略弱，还有润肤等作用。卵磷脂有特殊气味	极适合敏感肌肤使用，值得关注
	植物皂苷、无患子提取物	具有一定的清洁能力，但研究和应用尚不广泛	

【怎样根据自己的肤质选择洁面产品呢？】

洁面的原则是"充分且适度"，即只要能够让皮肤变得清洁并不造成损伤就可以了。

如果你是正常肌肤、没有化妆，理论上可以选择任何类型的洁面产品。

如果你是敏感肌肤、炎症受损的肌肤，则应当尽可能减少刺激，避免使用有摩擦力的产品。

如果你使用了非常强力的防水性产品，如抗水防晒霜、彩妆，则很有必要使用卸妆油或卸妆乳。

衰老性肌肤（角质太厚）、白头黑头很多者，则可以考虑使用有去角质力的辅助清洁用品。

如果你在旅行中，不方便用水洗，那可以选择洁面水，配合纸巾，以备临时之用。

【洁面乳的效果该如何期待？】

美白洁面乳、保湿洁面乳、祛痘洁面乳，你觉得它们是真的能达到这些功效吗？

洁面乳的主要功能应当是清洁，能够实现"充分并适度"的清洁功能，并且低刺激，就已经达到了合理的期望。换一个角度考虑，合理的配方也不是对实现附加功能全无帮助，所以这种称呼也是有一定意义的。

美白洁面乳：含有 AHA、磨砂类的产品可以帮助去角质，所以可以帮助皮肤实现美白，对衰老性肌肤是适用的；但对维生素 C 之类需要吸收、驻留的成分来说，加在洁面乳中的意义就没那么大。

保湿洁面乳：在洁面乳中降低表面活性剂的添加量，使用脱脂力不那么强的表面活性剂，并添加保湿成分，可以避免皮肤过多脱脂。即使洁面乳被冲洗掉，也有一部分保湿成分残留在皮肤上，皮肤就不会那么干燥缺水。

祛痘洁面乳：添加一些具有抗菌、抗炎作用的成分，例如茶树精油、苦参提取物等，虽然大部分会被冲洗掉，但也有一部分会进入毛孔或残留于皮肤表面，发挥一定的作用。这与一些淋洗类药品的作用机制是相同的，因此祛痘洁面乳也有一定的祛痘效果。

不管如何，洁面乳会在短时间内被冲洗掉，故对它的附加功能不要有太高的期待，要想实现特定的护肤目的，还是要考虑多种因素，全面护理。

洁面乳的兄弟姐妹

·洁颜粉：固体的表面活性剂粉末，使用时加适量水稀释即可，体积小，方便携带。

·洁面膏：将洁面乳做得浓稠一些、硬一些，即为洁面膏，本质上和洁面乳并无不同。

·洁面摩丝：具有起泡能力的表面活性剂溶液，加一个起泡泵就是洁面摩丝。洁面成分在挤出时与空气混合形成泡沫。

·洁面啫喱：将表面活性剂溶液中加入一定量的增稠剂，就变成了啫喱状的洁面产品。

·洁面水：洁面水多为应急用，不含增稠成分，其中添加一定量的低起泡力表面活性剂和醇类，可配合湿巾使用，方便擦拭干净。

不管以什么样的形式存在，洁面产品的原理都是相通的。选择洁面产品时，最需要关注的是它的配方构成、使用的方便性以及使用后的肤感。

卸妆产品是怎么回事呢？

卸妆产品分为卸妆油、卸妆乳、卸妆水三类。

【卸妆油】

卸妆油的主要成分是油脂类，有的会添加酯类表面活性剂。它主要利用以油溶油的原理，溶解并清洁油性彩妆和抗水性防晒产品。

卸妆油使用步骤：

用卸妆油按摩→油性彩妆或抗水性防晒产品溶解分散出→以洁面产品清洗干净

【卸妆乳】

卸妆乳的工作原理和洁面乳类似，主要是使用表面活性剂，有的会添加一些醇类以增强对醇溶类成分（如一些色素和香精）的清洁力。卸妆乳的使用较为广泛，刺激性较低。

卸妆乳使用步骤：充分起泡→按摩→冲净

【卸妆水】

卸妆水主要利用水和醇类，分别溶解水溶性和醇溶性的成分达到卸妆目的。卸妆水对于油性重的抗水性产品效果不佳，且刺激性较强，故一般只建议应急使用。另外，卸妆水太容易流动，所以使用时一般会先倒在化妆棉或湿巾上，再按压、擦拭卸妆部位，敏感和干性肌肤应当谨慎使用。

手工皂有多神奇？

手工皂近年颇为流行。对手工皂的态度大致分为两派：一派认为手工皂配方神秘，又添加各种精油，无所不能；另一派则认为手工皂呈碱性，长期用对皮肤并无好处。这两种截然不同的说法也给很多人带来了困惑，到底哪一种观点是正确的呢？

【 手工皂的基本成分有哪些？ 】

不管是什么皂，它的基本组成都是：油脂、碱（氢氧化钠或氢氧化钾）。在手工皂制作中，三种油脂是最常用的。

棕榈油：含有较多的棕榈酸，其次是油酸、亚油酸、硬脂酸，棕榈油的用量多少与皂的硬度相关。

椰子油：在28℃以下是固体状态。椰油皂基主要提供起泡力和清洁力。

橄榄油：橄榄油的饱和度较低，因此呈液态——这类油叫作软油，它提供了滋润度。

通过调节三种油的比例，根据皂化系数计算出需要用多少氢氧化钠能够完全反应，就可以得到想要的皂体硬度（使用氢氧化钾能得到更软的皂）。

基本的冷制皂过程如下：

1. 计算好原料用量，准备好油、氢氧化钠或氢氧化钾碱。

2. 热水溶解碱液放至50℃，将油加热到50℃，二者混合并充分搅拌。

3. 加入精油或其他想加入的东西，入模，凝固后脱模熟化数十天（充分反应）。

如一个马赛皂的配方：棕榈油50g、椰子油90g、橄榄油360g、氢氧化钠72g，水109ml，香精10ml。此皂中橄榄油的含量达到了72%，棕榈油仅10%，所以皂体较软。

关于手工皂拉丝的情况，主要是油酸的含量较高造成的，橄榄油的油酸含量在53%~85%之间，因此可以认为橄榄油的用量高可以拉丝。当然也有一些皂会添加增稠剂达到拉丝效果，不过是否拉丝不太会对皮肤有什么重要影响。

【 手工皂滋润的秘密 】

如果想要用手工皂洗完脸后，肤感比较滋润，就需要在皂中多加一点东西：超脂。

超脂是指除了前面准备的要和碱反应掉的油脂外，再添加一点富余的油脂，对皮肤可以起到额外滋养作用。超脂一般会选择比较好的、贵的油，常见的选择有：

红花籽油、芝麻油、荷荷巴油、胡萝卜子油、甜杏仁油、月见草油等等。

除了滋润以外，这些油可以让皂有更好的气味，也是皂的卖点。不过，无论怎样，手工皂仍然是一种去脂力强的碱性清洁用品。我对比了几种清洁用品，其中一块是熟化了三个月的冷制皂。分别把它们制成 2% 的液体，测试 pH 值，结果如下：

力士香皂	上海硫磺皂	六神香皂	雕牌洗衣皂	咏薇堂珍珠洁面乳	冷制皂
11.1	11.1	11.1	11.0	8.9（珍珠粉所致）	11.0

【 为手工皂锦上添花 】

市面上所见到的手工皂花样繁多，一般都是这么来的：

加入各种不同的精油，带来各种令人愉悦的味道。

加入各种不同的颜色介质，例如碳粉、抹茶粉、玫瑰粉或色素，得到不同的颜色。

加入各种不同的其他物质，比如死海泥、花瓣、丝瓜瓤……理论上只要你想加的都可以加。

不同的模具还让手工皂呈现出不同的形状。

【 手工皂为何流行？ 】

由于手工皂有非常多的气味、颜色，在一定程度上增加了生活的情趣，因此，手工皂在清洁之外，还具备很多情感功能。可以是一种心灵的寄托，可以是爱情的信物，可以是交友的工具，也可以是派对的主题。

手工皂的形状和配方的多样，也有利于形成更多的品种，甚至有人有了收藏囤货的爱好。因此，商家也不遗余力地推广它。

【 手工皂一定很刺激吗？ 】

在各种乳化剂中，皂属于刺激性比较强的。不过，通过调整浓度、配方，皂的刺激性可以得到降低，而且人体自身对于 pH 值也有一定的调节能力。加上皂在皮肤上停留的时间并不长，很快可以洗掉，所以也不能说皂一定很刺激、对皮肤不好。当然，换个角度，手工皂中添加的成分由于很快会被洗去，也难说能带给皮肤什么营养，只是有的皂刺激性更低、滋润性更好一些而已。当然添加一些抗菌类、帮助清洁的成分，作用于皮肤表面，还是有意义的，如药皂、硫黄皂。

冰寒提醒 》

对于脆弱的干性和敏感性肌来说，皂的去脂力过强了，根据现阶段的研究成果，仍建议谨慎使用。

【手工皂是否会长菌？】

在强碱性的环境下，微生物是不容易生存的。所以，从来没有哪一块肥皂会发霉。

手工皂除了清洁作用外，其他方面的作用比较有限——当然这个观点同样适用于洁面乳等其他清洁类产品。当商家说手工皂可以让人立即变白或者让特殊部位变得嫩红时，建议不要轻信。

客观地对待手工皂，不要对它有偏见，也无须神化它，取其长处而用，这便是我倡导的理性态度。

思考

皮肤菌群的变化对皮肤健康状况有重大影响，而 pH 值可能对菌群有较大影响。虽然目前公认皮肤的理想 pH 是弱酸性，但 pH 变化与皮肤菌群的关系研究尚未深入开展。或许使用碱性洁面产品，可以通过影响 pH 而抑制有害微生物的生长，从而有利于肌肤的健康。

例如一种真菌叫念珠菌，可引起痤疮样的皮肤丘疹与炎症，它的最适生长 pH 是 5.5，给予碱性产品，也许会抑制其生长而改善肌肤。但这方面还需要研究来证实，因为皂也有可能提升 pH 值，使之接近中性或变为碱性，这对皮肤也是不利的。

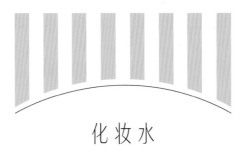

化妆水

化妆水，又称"爽肤水"，最初被当作"收敛剂"（astringents）使用。其开发目的是去除使用碱性基质的皂类产品和硬水（井水）一起洁面后形成的碱性皂基残留。

随着水质的改善，以及对洁面产品研究的深入，洗脸后碱性皂基的残留已经极大地减少。而在使用乳液来卸除面部彩妆或环境污垢变得流行以后，人们发现了收敛剂的新用途：它可有效用于乳液卸妆、清洁后残留的油性物质的清理（这也是"二次清洁"的说法由来）。

现在，这类产品的商品名都叫 toner，主要的功能是调节皮肤 pH 值至弱酸状态（tone 有微调的意思），并且能补水。

厂商给化妆水取了不同的名字，来反映其不同的功能定位，但这些名字并没有统一的标准规定，例如：

· 醒肤水：通常含有抗衰老成分。但有的男士控油型爽肤水也叫醒肤水。

· 爽肤水：和化妆水一样，是一个概称（toner）。

· 保湿水：以保湿滋润功能为主，通常使用的成分有丙三醇（甘油）、丁二醇、透明质酸钠、吡咯烷酮羧酸钠等。

· 柔肤水、嫩肤水：可能含有果酸、蛋白酶或其他让皮肤角质变软的成分，可以与化妆棉结合使用帮助去除角质，以降低皮肤屏障阻隔效应，促进营养成分的吸收。

·收敛水：通常含有高浓度酒精和芳香成分，可用于洁面不彻底而导致的一些皮脂残留物的清理，带来干净的感觉，并且可能作为一些输送载体，有的还添加了表面活性剂。有的收敛水中酒精浓度高达 20%，这样固然可以达到收敛、清爽效果，甚至有部分抑菌作用，但也可能非常刺激，敏感性肌肤、干性肌肤宜避免使用。

如何挑选化妆水？

【干性、中性肤质】

选择的化妆水以保湿功能为主，避免使用含有高浓度酒精的、软化角质成分的，或者宣称以"清洁"为主要功能的产品。

【油性肤质、衰老性肌肤】

可适当使用含有酒精和软化角质成分的产品，但有炎症的肌肤（发红、鳞屑、起疹、脓疱等）不建议使用。

【混合性肌肤】

应坚持分区护理的原则，多数时候应以保湿型产品为主，偶尔可以在 T 区使用其他类型的化妆水。

 冰寒答疑　**关于化妆水的使用**

黏稠的化妆水补水效果更好吗？

不完全是这样。化妆水之所以会黏稠，是因为添加了增稠成分。这些增稠成分通常具有保湿作用（这可能间接地促进补水）。但是，实际保湿效果还是取决于产品到底使用了何种增稠成分，所以也不能一概而论，应根据实际成分表、使用感受甚至仪器测试结果作为最终判断依据。

化妆水是不是每天都应当使用呢？

可以每天使用。化妆水不仅具有补水、调节 pH 的作用，更是一种输送载体（即以其为基质，在其中增加具有保养作用的功效成分），而且化妆水以水溶性成分为主，在使用油性产品之前使用是有必要的。先使用化妆水，可以进一步为皮肤补充水分，使角质层处于水合状态，有利于后续成分的吸收。

有一些肌肤强健的人（尤其是男士），夏天的时候若自身皮脂的分泌足够保湿，又注意防晒，甚至直接用化妆水保湿就可以（当然我更推荐精华液）。

可以用化妆水来敷面膜吗？

视类型而定。保湿滋润、温和型的化妆水可以，酒精含量过高的则不建议敷贴。

能不能用纯露代替化妆水？

可以。纯露大部分偏微酸性，不含香精和防腐剂（纯露在蒸馏过程中已灭菌），成分简单，刺激性很低。不同的纯露含有不同植物特有的微量成分，能起到特定的效果。例如洋甘菊纯露含有红没药醇，对敏感性肌肤有良好的舒缓效果；薰衣草纯露则对炎症有一定抑制作用。

化妆水一定要用化妆棉来涂吸收才更好吗？

并非如此。吸收如何，与使用手涂、用化妆棉涂抹或者喷无关。用手涂每次 2~3ml 就够了，但是化妆棉可以让你每次的消耗量在 8~10ml。至于"手上有细菌不卫生、用手涂营养都被手吸收了之类的说法"并不成立（化妆棉上也有很多细菌），只是为了让化妆水消耗得更快而已。

化妆水有什么使用手法吗?

要温柔。尽量用手涂,并且不要过度用力地拉扯、摩擦肌肤。

可轻拍。涂抹完后,可以用手轻轻拍肌肤,促进面部的微循环(敏感性、炎症性肌肤应避免)。

不用等到它干。涂在脸上后轻轻按摩或者拍一下,处于较湿润状态时就可以使用后续产品。

每次可以用多种化妆水吗?

从目前的研究结果来看,似乎并没有必要。如果化妆水不能够达到期待的护理效果,如抗老、美白,不如选择合适的精华液。

高机能水是不是特别好?

除了"补水"这一基本功效外,具有其他功效的水都可以自称为"高机能水"。"高机能水"只是一个称呼,并没有统一规定什么样的水才可以叫作高机能水。

收敛水是否真的可以收缩毛孔?

收敛水本质上并没有让毛孔真正变小的作用。根据毛孔的类型,因油脂分泌过多而致的临时性毛孔粗大,在清洁、去除角栓后即可自然回弹缩小。收敛水通过收敛作用,会使皮肤看起来光洁一些。器质性的、涉及真皮萎缩的毛孔粗大,任何护肤品包括化妆水,都不可能有作用;衰老而导致的毛孔粗大,收敛水所起的作用也微乎其微。

小链接

矿泉喷雾 ABC

　　这些年，敏感性肌肤所占比例越来越高，使得矿泉喷雾产品十分兴盛。这些产品是否值得选购，见仁见智。

　　矿泉水因为成分单纯，没有添加对人体有刺激的香精、防腐剂等成分，可以减少体质或皮肤特别敏感的人过敏的风险。同时因为其成分简单，所以刺激性也相对较低，可以在低刺激性下实现外部补水，同时给皮肤休养的机会。

　　矿物水中含有较多的矿物元素，这些元素对皮肤是有一定生理作用的，这是温泉疗法的基础之一。例如：锌可抗炎；钙可促进皮肤屏障牢固；锶可降低敏感度；硒可抗衰老；硫可抗菌杀虫（当然也可能产生刺激）。

　　但是，出于营销需要，一些水也有神化之嫌。

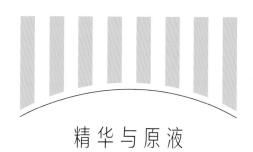

精华与原液

当肌肤有特别需求，寻常的水、乳等不能满足时，就出现了一类加强版的、针对这些问题进行特别设计的护肤品——精华。

精华可以是纯水相（精华液、精华凝露），也可以是含油量比较低的轻乳液（精华乳）。它们通常具有如下特点：

· 具有特定的作用，比如美白、抗衰老（抗氧化）、保湿、修复、镇静舒缓、控油等，这样，不同的人就可以根据自己的需要，为肌肤在某方面"开小灶"。

· 为了实现这些作用产品会加入特定的有效成分，而且有效成分浓度较高，例如维生素 C 精华，维生素 C 可以添加到 10% 以上。如此高浓度的某些成分可能会对乳、霜类的稳定性造成影响。

· 为了保持这些成分的稳定性，会避免过于复杂的配方。配方简单，也可以让生产工艺更简单，避免在生产过程中损失其功效。比如有一些活性成分不耐高温，如果要做成比较浓的乳或者霜，很可能在高速剪切、高温处理后失去活性。

精华是非常能体现护肤品品牌技术水平的，各品牌会把自己的王牌成分制成精华液，例如欧莱雅的玻色因。

可见，精华产品确实是精华所在。一般来说，精华也卖得比较贵。

精华该怎么选？

显然，精华本来就是为特定护肤目标设计的，所以针对性地使用精华，可以大幅提升护肤的效果。在皮肤屏障功能完整、自身保湿力足够的情况下在精华与乳霜之间二选一，我会选择精华。

【 不同年龄怎么选精华？ 】

虽然都叫精华，但不同精华的成分和使用目的可以很不相同，所以多大年龄宜选择何种精华，需要具体分析。

保湿精华：各年龄段的人都可以使用。一般使用透明质酸钠，较好的会再配以神经酰胺、胆固醇、天然油脂（尤其是不饱和脂肪酸，如亚麻油、红花子油、山茶子油等）。

美白精华：通常以抗氧化、抑制黑色素合成的成分为主，任何年龄的人都可以使用（未成年人除外）。冰寒认为，早用比晚用好。

抗衰老精华：20 岁以上就可以使用具有一定抗氧化作用的精华了（如维生素 E、维生素 C 及茶叶提取物等），但没有必要使用太高浓度的。如果已经有肉眼可见的轻度衰老迹象，例如细纹，则可以选择较高浓度的，以及对改善光老化有确定效果的，例如维生素 A（视黄醇）或其衍生物。中年以上的衰老、非敏感性肌肤，可以考虑使用果酸（AHA）、多羟基酸类（PHA）产品。

控油精华：皮肤开始油的时候就可以用了，通常是青春期后。

冰寒提醒 »

及早抗氧化的必要性

越接近体表，皮肤中天然抗氧化成分含量就越低，消耗的抗氧化剂用于对抗外界因素带来的氧化应激。紫外线是氧化的主要原因，现在空气污染是个新的因素。已有研究表明：空气污染会加速皮肤中抗氧化剂的消耗，并加速皮肤的衰老进程，加快色斑的产生。外用抗氧化成分，在体表对抗这些因素的侵蚀应当是有必要的。

理论上，即使是自身不缺乏抗氧化剂的低龄人群，面对这种压力时也可能需要更多的抗氧化剂。

精华不是万能的

精华并不万能，对特定的皮肤状况，一要预防，二要做综合护理。

以抗衰老为例，与其衰老后拼命补救，不如提前做好防晒等预防措施。

控油精华则要关注其成分，如果单纯用水杨酸类，其实并不能从本质上减少油脂的分泌；即使添加了维生素 B_3（烟酰胺）、维生素 B_6、丹参提取物等能真正抑制油脂分泌的成分，也需要注意控制高糖、高脂的食物，否则效果仍然可能会受影响。

精华该怎么用？

【不同肤质怎么选精华？】

· 美白精华：适合任何肤质；但含果酸类的可能不适合敏感性肌肤和干性肌肤。

· 抗老精华：适合于多数肤质，一般而言，干性肌肤应该更早些用。

· 控油精华：适合油性肌肤和混合性肌肤。

· 保湿精华：各种肤质都可根据需要选择。

· 舒敏精华：适合敏感、干性肌肤。

【不同的精华能否叠加使用？】

多数情况是可以叠加使用的。但有一些典型情况，需要具体考虑，例如：

美白精华和抗老精华：多数美白精华成分也是有抗老作用的，除非前者不能满足你的需要，而且二者的配方有互补作用，才有必要买两种加起来用。如：前者以维生素 C、维生素 E 为主打成分，后者以维生素 A 为主打成分。如果二者并不互补，例如前者是维生素 C，后者也是维生素 C，叠加的必要性就不大了。

生物活性成分类精华：如 EGF、FGF 等，它们对外界其他因素的影响是非常敏感的，最好不要叠加其他精华（尤其是高浓度精华）使用，以免失效。

保湿精华：除非其他精华不能满足你对保湿的要求，否则没有必要叠加。因为不管哪一种精华，基质成分里都含有不少的保湿成分，如甘油、丁二醇、透明质酸钠等。再叠加一层以同样成分做成的保湿精华，其实意义不大。

修复和舒敏精华：敏感和干性皮肤的人常常希望在做修复和舒敏时，能同时达成多重目标，例如美白、抗老。此时就要避免使用不适合自己肌肤情况的精华，或者虽然适合、但是浓度太高的。例如：

· 维生素 C 含量太高的，有可能对皮肤造成刺激；

· 视黄醇类的成分，可能让皮肤更干燥；

· 果酸类除了可能形成刺激外，还会让角质层变薄；

· 使用了含较多酒精、丙二醇成分的，容易形成刺激。

叠加使用不适合的精华，可能会抵消你所做的修复工作，得不偿失。

【不同的精华在使用顺序上有什么讲究？】

考虑到精华的吸收和对皮肤的作用，建议先用需要吸收入皮肤发挥功效的，例如抗敏修复、美白抗氧化的，然后再用保湿的。保湿的产品通常含有较大分子的保湿成分，它们会形成膜状或胶质，在微观世界里就好像一张绵密的网，功效性成分从外侧向皮肤迁移和扩散会受阻，因此不利于吸收。

 冰寒答疑　关于精华的使用

白金、黄金真的可以加到精华里面吗？有用吗？

这样做只是增加视觉的奢华感，让商品显得很高端大气上档次而已，对于改善皮肤状态本身并无益处。有的商家还宣称自己的产品含有纳米级的黄金粒子。很可惜，研究发现纳米金粒子可以抑制脂肪组织形成，加速衰老和皱纹，延缓伤口愈合，加重糖尿病。[6]

敷完面膜后是否可以使用精华？

可以。使用面膜之后，肌肤处于很好的水合状态，吸收营养成分更容易，使用精华也更容易被吸收（不限于精华，也是使用其他护肤品的好时机）。

小链接

原液和肌底液

原液本来只是一个商业概念，不过就其成分和配方特点看，是一类成分更简单的、含单一有效成分的精华液。号称原液的产品非常多，颇有些乱花渐欲迷人眼的感觉，所以选择原液，根本上还是要学会看产品的成分表，才能知道它实质上是什么。

在我看来，肌底液也是一个商业概念，与精华液没有本质区别。

乳液和霜

乳液和霜是护肤品中最重要也最常见的剂型。最简单的乳霜，即使不添加任何功效成分，也有保湿和润肤作用，扩展一下，就可以变成各种功效型护肤成分的"载体"，或者叫"基质"。

乳霜的基本构成

所有的乳霜基质都由三类成分构成：水、油、乳化剂。正如本篇开头所述的那样，水不仅包括水，还有水溶性成分，合称为"水相"；油则包括各种油溶性成分，合称为"油相"；而乳化剂，使得水和油均匀混合。为了叙述方便，下文将油相和水相分别简称为"油"和"水"。

当液态的油和水放在一起的时候，各自都是透明的。将油分散成细小颗粒，由于光的折射作用，就显出乳白色。

通常而言，根据水或油的微粒状态，可以把乳和霜分成"水包油（O/W, oil in water）"和"油包水（W/O, water in oil）"两类。

如下图所示：

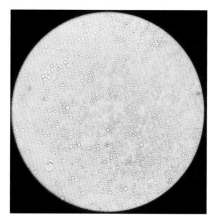

水包油乳化体显微照片（可见油相液滴分散于水相成分中）

更复杂一些的工艺，会做成水包油包水，或者油包水包油等，但是如果没有特殊需要，这些类型非常少见。

大部分乳霜都是水包油的，这样肤感不油腻，亲肤感好。一般而言，霜的油分含量比乳液要高一些，保湿性会更强。

小链接

对护肤品来说，载体也很重要

一个良好的载体体系对护肤品也是非常重要的，就好像一粒种子要在合适的土壤中才能发芽并茁壮成长。

举个例子，维生素C对护肤是极好的，但你不能把维生素C粉末直接涂到皮肤上去，必须要有一个让它溶解、保存、渗透的环境，这就是载体的作用。

载体还可以提供合适的肤感。成分再好，肤感像万能胶一样，恐怕也没有人爱用。

霜类作为载体，对脂溶性有效成分（如维生素A、维生素E）是很重要的；还可以让有效成分逐步释放到皮肤上，发挥长效护理的作用。

脂质体包裹也是一种载体技术，可以有效防止功效成分氧化失效，并促进吸收。

乳霜中的油分主要起到保湿、润肤、作为脂溶性成分的溶剂等作用，油脂的类型与含量还会影响乳霜的质感。乳霜中的油分有很多种，分类也比较复杂。这里为了便于理解，将乳霜中的油分分为四类：

【 动植物油及衍生物 】

植物油多提取自植物的种子。一般是流动性较强的液体，容易被吸收，含有维生素E等抗氧化成分，亲肤性佳。有一些植物油，例如芝麻油、红花子油、亚麻子油，含有大量的不饱和脂肪酸，不但可以帮助维护皮肤屏障、具有保湿功能，还有抗氧化作用。缺乏这些油脂，可能还与痤疮有关。

动物油脂有蛇油、獾油、貂油等，多为饱和脂肪（三酰甘油，又称甘油三酯），但现在应用得比较少。

动植物油脂有不少优点，在乳液中的添加量却并不多。因为从生产工艺的角度来看，它们的缺点和优点一样明显。它们通常有特殊的颜色、气味，尤其是多不饱和脂肪酸，那种腥味和鱼油差不多。

植物油脂也不稳定，容易被氧化、酸化，散发出"哈喇味"，颜色发黄，性状也变得黏稠无比。为了避免这种状态，还需要添加足够的抗氧化剂（成本上升）。也有一些植物油会被制造成衍生物，如氢化蓖麻油、氢化大豆油等。

一些植物油脂由于来源天然，所以其质量稳定性受原料和生产工艺影响很大，产地、批次、品种、气候、收获季节都是影响因素。

这些特点在大规模工业化生产、运输、储存、销售体系下，都变成了明显的缺点。因此，矿物油脂迅速占据了主导地位。

【 矿物油和合成脂类 】

矿物油是一类物质的统称，提取自石油，包括白油（也称轻质油、液体石蜡、矿油等）、凡士林（也称"矿脂"）、石蜡等，从某种意义上说，它们也是天然产物。

矿物油不能被人体吸收，也不是人体固有的组成部分，但是有几个非常突出的优点：化学和物理性质稳定；具有极佳的贴肤性，肤感很好，防水耐久；封闭性强（保湿力强）；

极低的致敏性，所以在婴儿护肤品中也大量应用；适合大规模生产，价格便宜。

合成的脂类以硅氧烷类（siloxanes）为主，俗称"硅油"。这是一类含硅的烷，完全由人工合成，具有极佳的滑感，没有什么气味，刺激性极低，也没有毒性，因此被广泛使用在乳霜等护肤品中。

关于硅油也有一些传言，例如沉积在头皮上，会导致毛发脱落和头皮屑、头痒等。但这些说法缺乏严肃的证据支持。目前普遍认为硅油类是安全的。唯一的问题是它们不易降解，可能在环境中累积，对生态造成影响。

【 酯类 】

脂肪酸与醇类反应后，使其变得有一定的亲水性，涂抹在皮肤上也不会有很油光满面的感觉。这个方法应用于植物油脂，对提升植物油的稳定性很有好处，这些脂类可称为天然植物油的衍生物。

有一些酯类是用作表面活性剂的，例如硬脂酸单甘油酯。

一些人工合成酯类具有很高的致粉刺性，粉刺易感人群在购买时应当稍谨慎一些。

【 类脂 】

在护肤品中使用的主要是胆甾醇、糖鞘脂类、磷脂类。这些是对皮肤有重要作用的活性成分，成本也较高，一般只有极少数产品会使用。添加了这些成分的产品可谓是良心产品。

小链接

油分的致粉刺性（comedogenecity）

含油脂类多的护肤品，是否更容易引起粉刺？

根据兔耳试验的结果，以类别看，油脂类是致粉刺性最强的，而且油越稠，致粉刺性越强，月桂酸、棕榈酸乙基己基酯、异硬脂酸异丙酯、肉豆蔻酸异丙酯等的致粉刺性相当强[5]。

但是，对油分的致粉刺性的判断仍然存在一些不确定性，应用不同的试验方法、在动物和人身上分别做测试，不一定会得到相同的结果[7]。

例如，单个致粉刺成分在兔耳试验中的试验浓度往往是非常高的，在低浓度下可能不引起粉刺；又如，单独试验时有致粉刺性，但应用于最终的配方（假如又恰巧浓度并不高），可能并不引起粉刺。

因此，根据是否含有此类致粉刺性成分判断该护肤品是否致粉刺，结果有很大的不确定性。不过，如果你能从成分表上看到这类成分含量很高（包括单一成分含很高或多种致粉刺性成分总含量很高），则建议谨慎。通常来说，许多彩妆类产品都含有较高的致粉刺成分。

致粉刺性的发生机理尚不清楚。

思考：化妆品加重粉刺的另一种可能

一些读者用了彩妆后痤疮、粉刺加重，停用后就变好。冰寒认为，出现这种情况，可能有两方面原因。

一方面，也许其中某些成分可对皮肤微生态平衡造成显著影响。

另一方面可能与使用彩妆后过度清洁（卸妆）有关。过度清洁损伤了皮肤屏障，导致肌肤脆弱敏感，容易受到刺激和攻击而发生美容性痤疮。这些推测还需要更多研究以证实，但这些现象确实存在，值得警惕。出现这种情况时，不能认为是"排毒"。

用完乳液还需要用霜吗？

视情况而定。如果乳液不够保湿，则可以乳上加霜；反之可以只用乳。当然也可以不用乳而只用霜。

霜的营养更丰富吗？

霜里面的油分含量要高一些，但与营养成分丰富与否并不存在绝对的对应关系。现在还有一些霜为了清爽，减少油分的使用量而增加水溶性的增稠剂，使它看起来有霜的质感，但又不油腻，这种霜其实更像是乳液。

把乳或霜放到水里，通过下沉与否、是否粘杯壁来看它是否好，靠谱吗？

不靠谱。冰寒曾在中央电视台《东方时空》的专题采访时，当面做过实验。很多因素会影响乳霜在水中的表现，无法用它来判断产品质量、效果、原料和安全性。

不同肤质在各个季节怎么选乳液和霜？

大体上，需要从两个角度考虑，首先是该产品是否符合你的功能预期（比如美白、抗氧化、舒敏等），这需要你学会看成分表。

其次，看你的使用感受，内容十分宽泛，大部分是非常主观的，例如：香味、黏度、油腻感、滑感，是否亚光，是否刺痛，颜色感，保湿度（涂完后皮肤是否能保持滋润），等等。

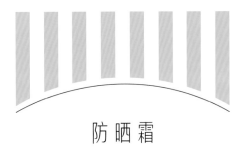

防 晒 霜

为了防止紫外线对皮肤的损伤，选择正确的防晒霜至关重要。虽然我倡导大家优先使用硬防晒，遵循防晒的 ABC 原则，但防晒霜并不是一个可有可无的角色，尤其是在游泳，夏天长时间进行户外活动有大面积皮肤裸露、硬防晒无法提供良好保护时。那么，如何挑选防晒霜呢？

合适的 SPF 值

【SPF 值是什么意思？】

SPF 即防晒指数 (sun protection factor)。用 UVB 照射皮肤，SPF= 涂防晒后出现的晒伤红斑剂量（时间）÷ 未涂防晒出现的晒伤红斑剂量（时间）。这个学术化的概念一般人理解起来有点难，你可以这样通俗地理解：若裸皮肤 20 分钟被晒红，涂 SPF15 的防晒霜，大体意味着 300 分钟后才会被晒红。SPF4~6 为中度防晒，6~8 为强防晒，8~15 为高强防晒，>15 为超强防晒。可以粗略地认为，SPF 值主要代表了防晒品对 UVB 的防护能力。

日常也有人把 SPF 值理解为防晒伤、晒红的能力，虽然不太准确但也比较直观通俗。实际上 UVB 也可以把人晒黑，只不过在晒伤的时候你还没有黑而已。

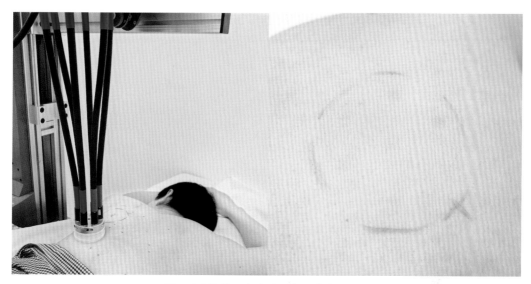

SPF测试场景及皮肤被照射后产生的红斑

【为什么只需要合适的 SPF 值？ 】

防晒剂属于限用物质，因为许多防晒成分或多或少地具有刺激性，有一些还有光敏性，而 SPF 值要提升，意味着要使用更多的防晒剂，这无疑会增加安全性、刺激性方面的不利因素。

另一方面，SPF 值的上升与所能阻止 / 吸收的 UVB 数量并不成正比。在 SPF15 时，93% 的紫外线被阻挡；SPF 值增加一倍至 30，阻挡的紫外线仅增加了 3.7%。因此在能够保证用量的情况下，并不需要盲目追求高 SPF 值，这样做不经济，也会带来更多潜在风险。

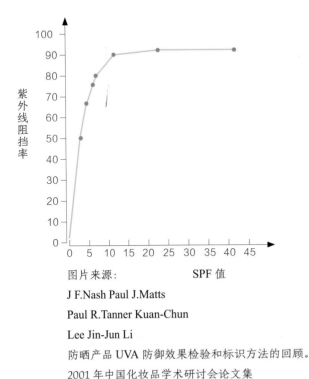

图片来源：

J F.Nash Paul J.Matts

Paul R.Tanner Kuan-Chun

Lee Jin-Jun Li

防晒产品 UVA 防御效果检验和标识方法的回顾。

2001 年中国化妆品学术研讨会论文集

SPF 值与紫外线阻挡率的关系

SPF 值	紫外线阻挡率
SPF10	90.00%
SPF15	93.00%
SPF20	95.00%
SPF30	96.70%
SPF50+	≥ 98.30%

数据来源：

香港中文大学

Chan Lap Kwa

11 December，2009

【为什么国内的 SPF 值曾经最高只允许标到 SPF30？】

这是基于中国人的情况制定的标准。首先黄种人的皮肤中，黑色素含量较高，故比白种人更不易晒伤；其次，若以一般人 20 分钟肉眼可见晒红为一个单位，SPF30 可提供 600 分钟的晒红保护，长达 10 小时，即使在日晒最强烈的夏天，这个保护时间也足够了。不过，研究发现很多人存在防晒霜使用量不足的情况。综合考虑了各方因素之后，2016 年法规进行了修改，允许最高标到 SPF50。

[**小贴士**]

防晒霜你用够量了吗？

防晒霜标准的使用量为 $2mg/cm^2$，若使用量不够，防护效果就会急速下降。但调查表明，实际生活中，相当多的人虽然使用了高指数的防晒霜，用量却只达到标准的 1/2~1/3，这意味着他们仅能获得 1/4 甚至 1/9 的保护。

一定要有足够的 PA 值

过去谈到防晒，首先想到的是防晒伤。晒伤是一种急性效应，肉眼可见，非常明显。但随着人们对紫外线损伤的认识不断深入，发现 UVA 可以造成持续性、累积性的深层损伤。现在这些作用已被广泛认识，UVA 的防护也成为考虑重点。我建议购买防晒霜一定要考虑对 UVA 防护能力强的产品，越强越好。对 UVA 的防护能力，一般以 PA 值来表示，PA 值越高，则防护能力越好。

美国防晒产品不使用 PA 值标示。SPF15 以上且通过了相应测试的防晒霜，可以使用 Broad spectrum 标示，表示对 UVA 和 UVB 均有防护作用。

【PA 值是什么意思？】

PA 是日本对 UVA 防护力的等级标示体系，即 Protection Grade of UVA(UVA 防护等级)，由日本化妆品工业协会 (JCIA) 于 1995 年颁布。以 PFA 为标准，PFA 在 2~3 为 PA+，4~7 为 PA++，8 以上为 PA+++。中国亦于 2007 年在《化妆品卫生规范》中予以采用。

PFA 为 UVA 防护指数 (UVA protection factor)，采用人体测试方法测量。

PFA = 涂了防晒的 MPPD ÷ 未涂防晒的 MPPD。

MPPD：最小持续黑化剂量（minimum persistent pigment darkening），将皮肤暴露在 UVA 下后，在皮肤上可出现持续性的黑色色斑（标准是保持至少 2 小时），造成此持续性色斑的最小 UVA 剂量即为 MPPD。

【为什么需要高 PA 值？】

之所以强烈建议挑选高 PA 值的防晒产品，是因为 UVA 比 UVB 更可怕。它穿透力更强，而且造成的损伤是累积性的。UVB 可以被玻璃阻挡，UVA 却可以透过窗户；在阴天和多云天，UVB 可能已经损失大半，UVA 可能依然强烈。在日光紫外线中，绝大部分是 UVA，只有少量是 UVB。虽然紫外光损伤是由 UVB 和 UVA 协同完成的，但 UVA 造成的伤害更加持久和广泛。

有一些读者带着防晒产品到试验室做测试，测试发现，有一些产品可以良好地防护

UVB，对 UVA 的防护力却很弱，但这些产品却非常畅销，有的因为肤感甚佳且价格低廉，口碑非常好。这从侧面说明：公众对 UVA 防护的重要性尚未充分认识，因此更需要大力强调。

【为什么国内 PA 值只允许标到 +++】

PA 值的测定需要人体试验，受试者涂抹了防晒霜后平躺在床上，以日光模拟器照射皮肤，根据色斑沉积的情况来判断。由于色斑沉积是一个缓慢的过程，试验需要长时间的等待，如果要测试到 PA++++，时间可能长到让人无法忍受，试验难以进行，操作性太差，对受试者本身也是不必要的痛苦。

恰当的防水性

【防水性是什么意思？】

防水性是指防晒霜涂抹于皮肤表面后，被水冲洗、被汗液冲刷后，是否还能保持足够的紫外线防护能力。如果你经常去游泳或者进行长时间户外活动，身体大量出汗，又暴露在阳光下，则必须要考虑防晒霜的防水性。

如果产品宣称具有抗水性（water resistant），则需要通过 40 分钟的防水测试；若产品宣称具有强抗水性（very water resistant），则所标示的 SPF 值应当是经过 80 分钟的抗水性试验后测定的 SPF 值。如果洗浴后测定的数值减少超过 50%，则不得标示具有防水功能。

【防水性带来的优点和缺点是什么？】

显然，防水的防晒霜可以提供特定环境下的保护，避免因液体冲刷而造成防晒损失。但是，为了使其具有防水性，不被水溶解和冲释，则需要选择不被水溶解的油溶性基质。这些成分可能很难被清洁，也可能更具致粉刺性，使皮肤感到比较闷和油腻。

少数防水性极强的产品，甚至需要使用专用的卸妆工具和产品来清洁，费时费力，甚至可能损伤皮肤。

因此，我建议根据自己的活动场景决定是否选择防水性防晒霜。例如：

·只是在办公室、学校里活动，并没有大量的户外活动，出汗少甚至不出汗，这种情况下完全可以选择非防水性、易清洁的防晒产品。

·一般的户外活动，可选择中等防水的产品。

·长时间户外活动、高强度户外活动（大量出汗）、露天游泳时，选择超强的防水性产品。

总之，要尽可能减少护理的步骤，减轻肌肤的负担。

合适的防晒剂类型

此处，防晒剂类型是指化学防晒剂和物理防晒剂。

使用物理防晒剂的防晒产品就是物理防晒品。物理防晒剂是用于阻挡、反射紫外线的无机物，最常用的是氧化锌（ZnO_2）、二氧化钛（TiO_2），这两者没有刺激性。其他具有防紫外线作用的物质还有高岭土、滑石粉、氧化铁、珍珠粉等粉末。物理防晒剂相对来说更稳定、安全，而且可以提供从 UVB 到 UVA 的全波段防护。

物理防晒霜通常比较厚重，涂在皮肤上颜色发白、偏青，不过氧化锌和二氧化钛粉碎成纳米级以后也可以有透明的外观，现在的物理防晒霜已经可以做得轻薄透明、不影响肤色了。

使用了化学防晒剂的则为化学防晒品，它们通过吸收紫外线、发生光化学反应来避免皮肤损伤。

化学防晒剂通常是透明的，具有更加轻薄和自然的外观。化学防晒剂若被皮肤吸收，则可能产生光敏反应，有些化学防晒剂有一定刺激性，其添加量有上限规定。在中国目前批准使用的 28 种防晒成分中，26 种都是化学防晒剂。

有许多产品为了达到轻薄透明与防晒力的平衡，采用化学和物理防晒结合的配方。不同的防晒剂对不同波段紫外线的防护能力也不同，所以把它们配合起来使用，达到在各个波段都有比较好的防护能力，也是业界通用的做法。

防晒霜是否油腻、厚重，主要与其配方、与是否防水有关，与使用化学防晒剂还是物理防晒剂并没有必然联系。

【不同类型防晒剂的安全性】

氧化锌是一种抗炎的成分，因对于各处皮肤的炎症都有缓解的效果而被人青睐。纳米级的二氧化钛、氧化锌出现以后，有人开始担心太细的颗粒是不是会进入到皮肤内部而带来不可预见的风险。

已有研究证实氧化锌不会转移至真皮层，而二氧化钛也只是作为粉体被吸入肺后对人体才有危害，在防晒霜中是安全的[9]。

有报道称二氧化钛在皮肤上被照射时，会产生单线态氧自由基，可能对皮肤造成伤害，不过这也很容易通过添加维生素 C、维生素 E 等抗氧化成分或者对二氧化钛颗粒进行包裹的方法解决。

相对而言，化学防晒剂的安全性要复杂得多。早期使用的一些成分如对氨基苯甲酸（PABA）是很不安全的，二苯酮类（Dioxybenzone）在强烈日光下暴露较长时间，很容易引发光敏性皮炎；水杨酸酯、肉桂酸盐、樟脑衍生物都有一定的刺激性；用于防护UVA 的阿伏苯宗则很不稳定，而且很容易让衣物染黄。防晒剂之间的作用复杂，肉桂酸盐可以加速阿伏苯宗分解而使其失去防晒能力，奥克利林则可以稳定阿伏苯宗，使其长时间保持防晒能力。

但是近年开发的新型化学防晒剂如欧莱雅公司的专利 Mexoryl XL 和 Mexoryl SX、瑞士的 Tinosorb S 和 Tinosorb M 就是具有很好的光稳定性和防晒能力，同时刺激又低的防晒成分。还有更多新型的防晒成分也在陆续开发中，植物防晒成分的研究也是方兴未艾，也许未来会有更多更安全又有效的防晒成分出现。

[**小贴士**]

防晒喷雾

防晒喷雾若从呼吸道吸入，会损害健康；另外，它也容易刺激眼、鼻腔的黏膜，故防晒喷雾主要用于身体大面积防晒和面部少量补防晒，以及不易涂抹到的部位（如背部）的防晒，不推荐面部日常直接喷射使用。若要涂抹在面部，建议先近距离喷在手上，再均匀涂抹。

防晒喷雾其他方面的评价指标，与防晒霜是相同的，包括 SPF 值、PA 值、防水能力等，注意瓶身标示即可。

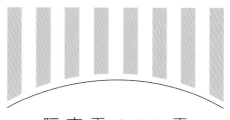

隔离霜 & BB 霜

隔离霜

【隔离霜是什么？】

世界上本没有隔离霜，它最早不过是妆前底霜 (pre-make-up base)，作用是让后面的彩妆产品更贴肤、平滑。

但妆前底霜后来被商家赋予了"防止彩妆伤害"的功能，变身为"隔离霜"。随着市场的发展，更多的概念被植入了隔离霜，使它变成跨界产品。例如：

· 校正肤色：起到了粉底的作用。

· 隔离紫外线：起到了防晒霜的作用。

· 隔离灰尘、自由基、电脑辐射：这些并无科学根据。

有数十名志愿者向冰寒提供了自己使用的隔离霜的配方表，经分析，大部分隔离霜与粉底、BB 霜等并没有本质区别，有的隔离霜本身就是防晒霜，例如倩碧的 CityBlock 系列。所以隔离霜的名字并不重要，重要的是它实际上有什么作用，有的是美白保湿，有的是校正肤色，有的是遮盖，有的是防晒。

【隔离霜真的能防电脑辐射吗？】

不能。完全没有必要因为"防电脑辐射"而使用隔离霜。我测试了不同品牌的台式电脑、笔记本电脑的电磁辐射，辐射量极低，比起手机拨号时的电磁辐射量，几乎可以忽略不计。台式电脑基本测不到电磁辐射，笔记本电脑只是在屏幕与键盘的接合处有低量的电磁辐射，可以肯定的是：这些辐射都是安全的。这个结果是符合情理的，因为所有的电脑都非常注意自身内部元件的电磁屏蔽。

有的人一听到辐射就很害怕，其实辐射不过是能量的传播方式。光、热、电磁波，都是以这种方式传播的。普通的低剂量电磁辐射对人体健康并不会产生影响，真正对人体有害的是高能量电离辐射，但这和电磁辐射是两回事。

电磁波就算是有影响，也不是隔离霜可以防得住的。因为电磁波的波长较长，而且由于它的衍射作用，可以穿透墙壁，隔离产品对其没有任何阻挡作用。

【隔离霜可以隔绝脏空气吗？】

没有证据表明隔离霜可以隔绝脏空气。如果隔离霜能做到，那么其他的霜也可以做到。大量的粉尘、气溶胶、具有氧化性的化学垃圾对皮肤有负面作用，但这些问题的解决并不能依赖隔离霜（详细请参见本书特别专题之《雾霾下的肌肤护理》）。

BB 霜

【BB 霜的起源】

BB 霜起源于德国。1968 年 Dr. Schrammek 推出了 BB 霜，用于去角质后的修复和保护，具有轻微的遮瑕作用；1970 年，在德工作的韩国护士将 BB 霜非正式引入韩国皮肤诊所和美容中心，直到后来明星们开始使用，BB 霜才流行开来。

【现在的 BB 霜是什么？】

现在的 BB 霜已经变成了一个"万能"产品，不断糅合进更多功能，实质上它与粉底已经没有什么区别了，可以认为市面上的诸多 BB 霜就是粉底霜。

台湾弘光大学化妆品研究所徐照程博士说："根据我们的试验结果，BB 霜并没有比一般市面上的隔离霜、粉底提供更多所谓皮肤保养的功效，甚至连最基本的保湿效果都没有特别突出，所以我想是不需要把它视为保养品的，也不用期待它能带来涵盖前端保养到后端底妆的全能性效果。"

在分析了许许多多的 BB 霜之后，我持同样观点。

在 BB 霜风靡了几年之后，这个营销概念已经被透支得差不多了，于是又出现了CC 霜、DD 霜、EE 霜，或许 ZZ 霜也在酝酿之中，不过其根本功能仍然是遮瑕和修饰，也就是说：它们与粉底并没有本质区别。

【应该用 BB 霜吗？】

如果粉底有存在的理由，BB 霜亦然。如今，BB 霜仍然广受欢迎——谁没个想以完美形象示人的救急需要呢？

然而，也有很多使用过 BB 霜的女性向我反映，使用 BB 霜会让痤疮、粉刺加重，有的人因为是敏感皮肤，想用 BB 霜遮盖，结果越遮越红，越来越离不开 BB 霜，这种现象可能与某些 BB 霜添加的色素、防腐剂有关，也可能与卸妆造成的皮肤屏障损伤有关。但出现此类现象的原因，仍有待调查。

【带有 SPF 值的 BB 霜或粉底可以代替防晒吗？】

很难。冰寒用某知名品牌带 SPF 值的粉底做了个测试，要想达到标称的防晒效果，需要涂到照片中这么厚（$2mg/cm^2$）！

为什么会这样呢？因为 BB 霜和粉底以修饰和遮瑕为基本作用，它追求的是：涂少量即可达到修饰效果，又不会让皮肤太闷。

但涂的量太少，远少于 $2mg/cm^2$ 的用量，就意味着它无法达到标准用量下的防晒能力（其 SPF 值是在用足 $2mg/cm^2$ 情况下测试得到的）。

所以，即使用了 BB 霜或粉底，还是要老老实实地做好防晒，不要掉以轻心。

眼 部 护 肤 品

从基本构成上看，眼霜眼胶等与其他面部产品没有本质区别：如果使用油、水混合，则多制成乳、霜体；如果追求清爽，则多使用胶体类基质，做成透明的啫喱，当然，也有做成精华液的。

眼霜是一个骗局吗？

有说法认为眼霜和面霜并没有什么本质区别，所以眼霜是护肤品中"最大的骗局"。冰寒对这个说法持保留意见。一个人的 T 区和 V 区肤质不同，尚且需要分区护理，眼部肌肤和其他区域的皮肤有很大不同，因此——至少部分肤质的人——单独选择适合于眼部肌肤的护肤品是合理性的。

眼部肌肤是全身最薄的部位之一，因而很敏感，容易受到损伤和刺激。冰寒就有亲身经历，使用同一种护肤品涂抹于全脸，上眼睑对

这种产品发生了不良反应，而其他面部肌肤则没有反应。

绝大部分人的皱纹从眼部开始出现，易于显出衰老征兆，一方面是因为眼部皮肤薄，真皮基质较少；另一方面是因为眼部肌肤运动频繁。

眼窝又是一个凹陷部位，如果不特意给眼周肌肤涂抹护肤品、按摩，仅靠手掌涂抹面霜是很难照顾到眼部的。

眼部肌肤还很容易干燥，因为相对于鼻及口周，眼部肌肤的皮脂腺要匮乏得多，对肌肤的滋润作用也更弱。

眼部肌肤特点决定，更温和、更保湿，并在功效上主要偏向于抗皱防老的产品才更适合于眼部。

如果认为眼部产品与普通护肤产品毫无差别，那么大部分人，尤其是混合性、问题性肌肤，把祛痘、控油或褪红产品用来滋润眼部肌肤，在冰寒看来是不合适的。

眼霜常用的功效成分

多肽类：又称胜肽。种类很多，有些着眼于促进真皮合成胶原蛋白和透明质酸；有的着眼于模拟肉毒杆菌素的作用，对付动力性皱纹。

维生素 C：既可以抗氧化，又能促进真皮合成胶原蛋白。

维生素 E：抗氧化，减少光损伤。

维生素 B_3：促进皮肤屏障功能完善，减轻光老化。

人参提取物：主要成分为人参皂苷，具有良好的抗氧化、抗衰老作用。

接骨木提取物：活血，促进微循环，主要针对黑眼圈。接骨木提取物一般含量较低，若含量过高对皮肤会产生刺激。

维生素 A 及其衍生物：包括维生素 A、棕榈酰视黄酯等，可以减轻光老化，减轻过度角质化，使皮肤柔嫩。

冰寒答疑　**关于眼霜**

震动眼霜是否很神奇？

震动眼霜是一种创新，一个小电机在使用时开启并不断震动，起到按摩作用。坦率地说，目前还缺乏这样按摩对眼部有什么好处的具体研究报告，不过适度按摩一般都能舒缓情绪、促进微循环、放松紧张的肌肉。由于震动眼霜震动的幅度较小且很轻柔，不至于用力拉伸肌肤而造成损伤，因此震动眼霜可以说有它的优点。

涂眼霜长脂肪粒是因为它太油了吗？

冰寒倾向于认为这是轻度的接触性皮炎（过敏），起疹是肌肤不适应的表现，尤其是一用就起、一停就消的情况。这与眼霜是否油没有直接关系，有人使用不含油的啫喱类产品也会出现这种情况。一旦发现这种状况，应当立即停用，并避免再次使用同一产品。

还有一部分人所说的"脂肪粒"实际是粟丘疹，这是一种皮肤病，尚无特效治疗方法，与使用不使用眼霜尚无明确关系。

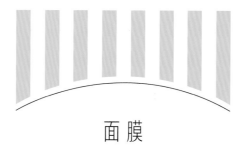

面膜

适度使用面膜，根据自己的肤质来选择不同类型的面膜，可以为肌肤加分。

认识面膜家族

面贴膜：面膜液多数是水性配方，流动性更强一些，清爽不油腻，使用很方便，用来补水是不错的。面贴膜因为有面膜布的作用，封闭性更佳，但也因裁剪关系常留有死角。

膏乳状面膜：含有油性、水性成分的乳化体，保湿效果通常更好。因为有油、水两类成分，所以水溶性、油溶性的功效成分都可以加入，比较全面，涂抹后也不易留死角。但它的缺点是要用到乳化剂。

泥状面膜：通常含有高岭土等粉体，可以增强对油分的吸附性，适用于油性皮肤，具有清洁作用，用后皮肤很干爽。

冻胶或啫喱状面膜：通常是纯水性配方，不含油分，补水效果佳而保湿能力弱。可以视为面贴膜中液体的增稠版。各种皮肤都可以用，在夏季更为流行。此类面膜通常配方都比较简单，面膜质地轻而且好看，但并不代表就一定有更强的功效。

免洗面膜：也就是睡眠面膜。睡眠面膜的实质是霜或啫喱。许多女性没有使用晚霜的习惯，睡眠面膜换了个名字反而更受欢迎。一般来说，睡眠面膜的质地并不那么黏稠，一般不会堵塞毛孔。但是由于取了"面膜"的名字,有人会涂得比较厚,这可能对皮肤带来不利影响。

撕拉式面膜:撕拉式面膜利用胶体的黏性来实现清洁,适合于油性、衰老性肌肤,痘痘肌。应当慎用(粉刺肌可以用,除此以外的各种丘疹性、炎症性肌肤均应慎用)。建议尽可能用牵张力弱一些的、温和的面膜。需要注意的是,撕拉过程中会撕掉一些表层的角质,过多使用可能破坏皮肤屏障功能,导致皮肤干燥、缺水、敏感。所以撕拉式面膜不要频繁使用,每周最多一次,敏感肌肤、干性肌肤则完全不建议使用。

泥浆或软膜粉:涂抹式的泥浆类、软膜粉类面膜在它们干掉后不要揉搓面部,而应该先用水润湿面膜,再用水或者洁面产品彻底清洗,或者在其半干状态时就剥掉,以免干掉的面膜颗粒变粗,揉搓时对正常角质层产生伤害。

巴布剂面膜:这是一种油与水分可高度亲和的树脂为基质做成的面膜,含水量适中,是非常不错的营养成分输送载体。现在已有产品用于黄褐斑、收缩毛细血管及修复肌肤屏障,可以整夜使用。未来这种类型的面膜可能会发挥更大的作用。

面贴膜材质的虚虚实实

面贴膜的功效主要取决于其中的面膜液,不过面膜布及其裁剪也会影响到使用感受以及价格。

【无纺布面膜】

无纺布是最早的一种面膜材质,由棉或其他纤维制成,但是顺应性略差,不够服帖。

【蚕丝面膜】

一般所称的蚕丝面膜不是真的由蚕丝制成的,而是一种织法,采用了半网状结构,有更好的弹性,而且吸取液体后更透明,使用起来有更好的贴肤性。以我对养蚕以及蚕丝价格的了解,估计不太会有人真的用蚕丝纤维来做面膜。

【生物纤维面膜】

果纤等生物纤维制作的面膜也是非常好的,顺应性好,也很柔和,但价格较高,性价比略低。

【其他材质面膜】

蕾丝面膜、刺绣面膜、黄金面膜、铂金面膜、泡泡面膜之类完全是噱头。

四招教你挑好面膜

第一，价格不能太便宜。三五元钱一片的面贴膜除去各种费用后，真正用在产品上的成本恐怕只有几毛钱，这样不可能做出一片好面膜。某网站上曾有款面膜仅售 1 元 / 片，十分畅销，冰寒曾在一档电视节目中当场测试，发现它添加了大量的荧光增白剂。

第二，学看成分表。比如排在防腐剂、卡波姆（聚丙烯酸交联树脂）、透明质酸钠后面的成分一般添加量都是极低的。一般而言，有效成分需要达到足够的浓度才可起到相应的效果，添加量过低往往只是美化一下成分表而已。而且，面膜一般不需要有非常复杂的防腐成分，防腐剂用得过多的建议谨慎使用。某些防腐剂比较刺激，导致过敏的概率较高，需要注意避免不良反应，例如甲基异噻唑啉酮。

第三，速白效果要留心。比如在面膜中加入大量的二氧化钛，使用之后觉得肤色变亮，其实很可能是因为脸上残留了二氧化钛而导致的"假白"而已。好在它是无害的。

有读者向我反馈，她使用面膜能让脸保持白皙两天，两三天后就恢复原样，这种情况通常是添加了荧光增白剂所致。

许多人用了某些面膜之后效果非常好，皮肤变得白里透红，但是一停用，皮肤就开始刺痒、潮红、干燥，一用此面膜又变好了。这类产品要十分警惕其中是否含有类固醇激素成分。若不小心使用了这种产品，应立即停用并就医。

第四，尽量避免选择有刺激性的产品。面膜作为促进皮肤吸收的密集护理产品，在促进皮肤水合、促进有效成分吸收的同时，也会方便刺激性、有害性成分的渗入，所以其中有刺激性的成分越低越好。面膜的生产工艺十分严格，要将膜袋材料、膜布灭菌后再注入面膜液方可。但有些产品为省成本，不做灭菌，直接加较高浓度的防腐剂，有的产品撕开时就一股浓重的甲醛味（一种非常刺鼻又有点酸的气味），使用时千万要小心。

另外，也应当避免一些去角质成分（果酸等）对皮肤造成刺激，不能脸都辣得痛了还觉得这是由于脸部缺水引起，还继续做面膜"补水"，这对皮肤是无益的。

面膜会成为细菌培养基吗?

这种说法纯属子虚乌有。首先,面膜材料在生产前有消毒甚至灭菌的过程。护肤品中都有微生物的限值要求,只要数量不超过这些限定的标准,都可以认为是安全的。

其次面膜提供的并不一定是细菌需要的营养,而且面膜自身具有防腐体系。一般面膜敷贴时间在 15 分钟以内,短时间内细菌不可能大量繁殖。

任何人的皮肤上都可能有一定数量的微生物,这是正常现象。必须承认:人类的历史比微生物的历史要短得多,人作为一个共生系统,是由人体细胞和十倍于人体细胞数量的微生物共同组成的,人并不是生活在真空里。人体皮肤表面、消化道、支气管,以及我们所接触的空气、水、食物中都有大量的微生物,其中少部分是有危害的,大部分是无害的,甚至许多微生物对维持人体正常的免疫功能发挥着重要作用,因此并不需要谈微生物色变。

关于 DIY 面膜

很多爱美之人有 DIY 面膜的爱好,DIY 面膜的主要原料来自食物、矿物、各种水果、蔬菜、草药等等,甚至还有鲜肉和猪皮。

其实大体而言,DIY 面膜是不错的,只要选材安全、卫生,并且适合自己,用后没有不良反应就好。

但多数水果面膜其实都不值得做,原因如下:含糖量太高,肤感不舒服;含酸量太高,有可能造成皮肤刺激;有效美容成分如维生素 E、维生素 C、维生素 B 族等含量太低。曾有读者向我反馈说她用了柠檬片敷在脸上想淡斑,结果整个脸都肿了。其实,柠檬中真正酸的东西并不是维生素 C,而是高浓度的柠檬酸,对皮肤的刺激性非常大,所以淡斑不成先红脸也就不难理解了。

若真是看中天然食材的补水作用,黄瓜、丝瓜、豆腐这类温和的材料也许可以考虑。

个人建议可以在学习、掌握一些植物的成分和功效后,使用植物粉面膜,例如茶叶、人参、丁香、绞股蓝、各种纯露、黄芩、绿豆、甘草等。重点是:保证面膜材料的干净并且适合自己。

关于彩妆产品的
使用建议

彩妆产品主要起到遮盖、修饰、美化、填补调整的作用。在设计彩妆产品时，我们主要考虑的是这些方面的功能以及基本的安全性，而不侧重于对皮肤本身状态的改善。

不能用彩妆产品代替护肤品，不恰当地使用彩妆产品，可能引发许多皮肤问题，冰寒总体上建议少化妆或者化淡妆。

过度使用彩妆产品会有什么危害？

【成分易致不良反应】

限制使用的化妆品成分中，大部分都是与彩妆产品相关的，主要是色素、香精、防腐剂。这些成分最容易导致使用后产生不良反应。根据一些化妆品配方手册提供的案例配方表，这三类物质在彩妆中的使用量是在护肤品中使用量的数倍。可能是因为：

· 彩妆的开盖后使用期一般都比较长、消耗得慢，因此需要更多防腐剂；

· 彩妆的使用环境更为开放，使用时会反复暴露于环境空气中，反复接触化妆工具；

· 彩妆因为有颜色修饰的功能，添加多量色素和香精是其特有的需求。

高量的防腐剂很有可能对皮肤的微生态造成不利影响。防腐剂无差别抑制有益生菌和有害菌，可能影响皮肤微生态平衡。有一些防腐剂侧重于抑制细菌，那么就可能造成真菌过度繁殖，导致真菌性的皮肤问题。不过目前这方面的研究才刚刚开始，更多的规律还有待揭示。

【 心理依赖让原有问题加重 】

有一部分女士依赖化妆主要是因为皮肤本身的状况不佳，又懒得去找或是一时找不到好的解决办法，所以依赖彩妆产品遮盖面部瑕疵。彩妆带来的即时性改变常有"换脸"的效果，深得一些女性欢心，这类"彩妆换脸"电视节目也是最受欢迎的。

只是，这种做法无异于饮鸩止渴，越忽略问题，问题会越严重。

冰寒认为，要树立起正确对待彩妆的态度：彩妆应该是为健康的肌肤锦上添花，而非作为逃避问题的幌子。

【 强力清洁可能损伤皮肤 】

彩妆要求能够持久、服帖，不易脱妆，这也使得它更难以被清除。于是又衍生出繁多的卸妆工具、产品和手法。但长期强力清洁肌肤，又可能导致皮肤屏障受损，成为敏感性肌肤、美容性痤疮等的诱发因素。

但是，不少行业如演艺、空乘、窗口服务等都强制要求化妆。那么冰寒建议，妆容尽可能淡一点；在非工作时间尽量不要化，给肌肤修护的时间。

也许市场上需要一类轻彩妆，它们刺激性更低（香精少，色素天然，防腐合理），更易清洁（无须卸妆），还有更多养护功能。

市面上现有的一些跨界产品，如 BB 霜、CC 霜、EE 霜，主打修饰与护肤双功效，但看起来还不完全符合轻彩妆的这三点需求。

第四篇 04
给肌肤的特别呵护

明明白白美白

追求美白是对的。对东方人来说，白嫩的肌肤不仅颜色好看，更代表了保养肌肤的成效。如果肌肤黑、粗、暗，必定有干燥、色素沉淀、衰老等问题。很多人认为美白很困难，其实并不难。

哪些人最需要美白？

肤色黑主要是因为受紫外线照射，导致黑色素过多。但如果只是抑制黑色素，相当一部分人得不到理想效果。中国人眼中的"美白"，不仅是指白，还有美——白里透红、细腻、肤色均匀有光泽、没有或者很少有斑点。

除了肤色发黑之外，肤色不匀、色素沉着、皮肤黯淡无光、肤色发黄，都被认为是美白问题，而这些情况与皮肤炎症及血色素、身体健康、皮肤健康、营养状况、老化都有密切关系。

【炎症类原因】

皮肤因受细菌侵袭等原因而发炎，除了会导致黑色素沉着外，红细胞渗出死亡后，血色素会由鲜红色变为暗褐色，沉淀于真皮层内，难以褪去，这一类可称炎症后色素沉着。

· 常见肤质：较严重的痘痘肌、某些皮炎、敏感性肌肤。

【身体健康和营养状况】

长期劳累、营养不良，肌肤会黯淡、粗糙、无光。导致黯淡的原因还有血液循环不好、缺水等，甚至还会有因营养不良造成的黄疸（相对少见）。

· 常见肤质：各型肤质都有出现，干性皮肤尤甚。

【老化】

随着年龄增大，人的皮肤逐步衰老，胶原蛋白出现糖化和老化，不仅使皮肤失去弹性和水润，还使肤色发黄。普通美白护肤品并不强调抗糖化，故改善效果不佳。

· 常见肤质：25岁以上各型肤质，干性、敏感性肤质尤甚。

所有人都可以用的美白技巧

【防晒】

不管是哪一类皮肤，最重要的美白方法是：防晒。毫不夸张地说：不防晒就不要侈谈美白。

据说一天晒黑的后果，需要三个月才能消除，真可谓"晒黑如山倒，美白如抽丝"。造成晒黑的首要元凶是UVA，它的穿透力特别强。

黑色素细胞受到紫外线照射后数个小时就会加速分泌黑色素，黑色素细胞竟然有视觉感光物质（视紫红质），对光的反应极其灵敏。不仅如此，可见光中的蓝光、紫光，以及不可见的红外线都会造成黑色素活跃。

关于如何防晒，在防晒篇中已经有详细讲述，这里再强调一下要点：日常建议使用帽子、伞、墨镜来做硬防晒，在硬防晒无法顾及的情况下，要使用SPF15、PA++以上的防晒霜；如果是在海边、高原、露天游泳等长时间暴露于紫外线且流汗、触水的情况，更应选择SPF30+、PA+++的防水型防晒霜，并至少每80分钟补涂一次。

【内调美白】

服用维生素 C、维生素 E、维生素 B 族、绿茶提取物、番茄红素、胡萝卜素等，既有助于改善敏感、痘痘等问题，又可以帮助美白。

注意早睡和适度运动，这样可以让血液循环更好、代谢旺盛，面色也会更红润嫩白。

小链接

美白产品成分作用的原理和分类

有效的防晒产品：减少紫外线刺激黑色素合成。

维生素 C 及其衍生物、甘草精华、熊果苷、凝血酸（氨甲环酸 / 传明酸）、曲酸、壬二酸等：抑制酪氨酸酶活性或黑色素细胞活力。

维生素 B_3（烟酰胺）：阻止黑色素的运输，还可抗糖化，预防皮肤发黄。

果酸、水杨酸类：加速黑色素脱落。

多酚、黄酮及其他植物提取物等：抗炎、抗氧化，减少黑色素的分泌并使皮肤年轻化。

不同肤质最适宜的美白产品和方法

【干性和敏感肌肤】

1. 必须严格防晒（不仅有助于美白，还能减少皮肤损伤），减少刺激，避免过度护肤。

2. 使用含甘草提取物、维生素 C 衍生物、绿茶提取物、中低浓度维生素 B_3、黄芩提取物等且不含酒精、成分简单的产品外用，帮助美白。

3. 如果皮肤发红明显、炎症较重，先从防晒和内调做起，外用宜选择甘草、春黄菊、马齿苋等既可以美白又能抗炎的成分。

4. 避免使用含果酸、水杨酸、磨砂类的美白产品。避免使用含高浓度维生素 B_3 的产品，以免加重血管扩张；避免使用含高浓度维生素 C 的产品，以避免受刺激。

敏感性肌肤不能美白？

网络上一直有传言说美白产品敏感性肌肤不能用，用了就伤肤，因为含有汞、果酸等。汞是化妆品的必检项目，任何一个负责任的品牌都不会冒险添加，需要警惕的是那些号称能够速效美白的产品，尤其是在非公开渠道出售的产品和炒作太厉害的产品。

果酸的确不建议敏感性肌肤使用，但并非所有的美白产品都含有果酸，事实上维生素 C、熊果苷、甘草精华等都具有抗炎和修复效果，敏感性肌肤完全可以使用。因此笼统地说美白产品不安全很不准确，只要在选购时注意查看成分即可。

【油性肌肤】

1. 清洁补水放在第一位：过多油脂会让肤色发黄，清洁补水之后皮肤会有更好的清润表现。

2. 除了上述温和的美白成分之外，可以使用含有维生素 A、视黄醛类、绿茶提取物等的产品，可以减少油脂分泌，同时能够改善肤色。

例外：油性肌肤但是有炎症、皮肤发红的，如脂溢性皮炎之类的情况，应当先求助医生，做内调美白，待炎症消失后再考虑使用其他美白类外用品。在此期间尤其应当避免使用果酸、水杨酸、磨砂类的美白产品。

【混合肌肤】

1. 重点是分区护理：洗脸时要重点清洁 T 区，V 区轻轻带过，以避免 V 区受损。

2. T 区多数会比较黄一些，可以使用美白精华产品，以使 T 区和 V 区获得均匀一致的肤色。

3. V 区应避免摩擦，避免使用含果酸、水杨酸以及磨砂类的美白产品。

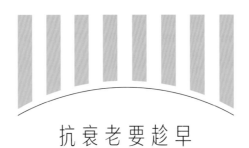

抗衰老要趁早

每一个人都希望留住青春岁月，尤其是 35 岁以后的女性，这希望是如此迫切，以至于很多女性不惜砸下重金、用遍高档产品抗衰老。然而，只有小部分人能得到良好效果。抗衰老是不是真的很难呢？其实，借助东方女性肌肤的天然优势，完全可以比实际年龄看起来年轻 10 岁甚至 15 岁。

东亚人（黄种人）血液中胡萝卜素含量是高加索人（白种人）的 3 倍左右，而且东方女性的皮肤皱纹出现时间较欧洲女性平均晚 10 年[10]，不过在 40 岁以后皱纹出现的速度会显著加快。这优势已经很明显，我们还可以把优势发挥得更大。

衰老是从 25 岁才开始的吗？

很多人认为 25 岁前后才是皮肤衰老的分水岭，所以 25 岁以后的女性才有必要抗衰老。其实，著名抗老专家、哈佛医学博士 Dr. Andrew Weil 认为，把人体的衰老理解为"是从形成胚胎时开始的一个持续不断的和必然变化的过程"更为有益[11]。

所以，"25 岁才开始衰老"这种认识是错误的。研究已经表明，紫外线尤其是UVA，会对皮肤造成累积性伤害，这一伤害从出生时就开始了。18 岁以前，很多人由于缺少防护意识，参加了大量的户外活动，以及受到了"多晒太阳补钙"的指导等，已经接受了一生中50%的紫外线辐射与伤害，只是这些伤害的后果不一定被肉眼所察觉而已。当伤害继续积累，并被肉眼察觉时，就已经非常严重了。这就好比大堤里有千百个蚁穴，只是外表看起来还完好一样。

这段话的意思是：衰老从一出生就开始了，因此对抗皮肤衰老应该从出生就开始。

为了方便理解，来看一张照片：

从A图看，这位女性的皮肤并没有什么严重的问题。对其紫外线照片加以分析（B图），可以见到皮肤上已经出现了大量的暗色斑点，这些叫作"发色团"。

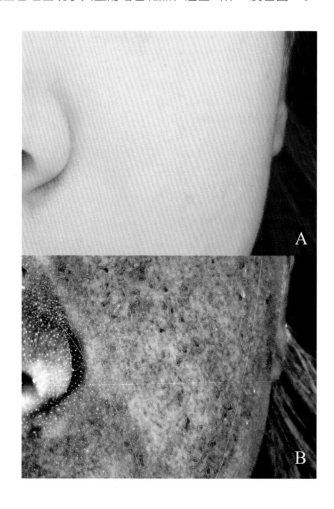

这张照片简单粗暴地揭示了一个触目惊心的事实：看起来还没有老，但实际上可能已经老得很厉害了。

发色团是指能够吸收紫外线的物质，在皮肤里，发色团主要有三类：黑色素、血红素、糖基化产物（其中主要是被破坏的胶原蛋白）。其中第三类，是最重要的衰老指征之一。

随着年龄的增大、损伤的增多，对皮肤又没有什么保护，真皮会萎缩，发色团会增多、加深，并且更容易显露。于是，在某个时间之后（比如分娩之后），你会发现突然之间各种皮肤问题都来了，其实它们已经潜伏了很久。

再看看一位 13 岁的少年的皮肤的照片，发色团很少很淡：

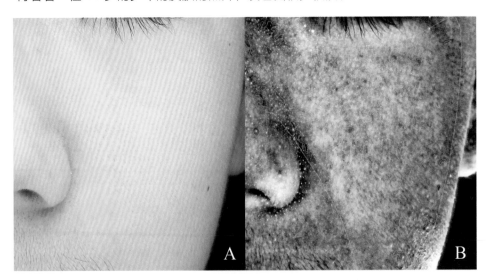

总之，抗衰老越早开始越好。提前打好健康肌肤的基础，减少肌肤的老化损伤，可以有效延缓衰老峰值的到来。倘若等到皱纹爬满眼角，即使挥金如土地购买护肤品，多数也是回天乏术。

很多人认为预防老化工作开始得早会让肌肤产生所谓的"耐药性"，肌肤在真正老化之后就没有产品可用，这个观点是十分错误的。抗老并不是单纯地使用抗衰老护肤品，使用抗衰老护肤品也不会产生所谓的"耐药性"，只要是肌肤缺乏的营养，就应当充分供给。当然在不同年龄阶段、不同皮肤状况，选择的抗老方法、产品也应有所不同。

衰老时皮肤里都发生了什么?

导致衰老的有内源性因素,如自由基和程序性衰老;也有外源性的因素,其中最主要的是日光中的紫外线。这些因素使皮肤里发生一系列的衰老变化。

【DNA 损伤和细胞凋亡】

强烈的紫外线会导致皮肤细胞的凋亡,其中有一部分是由 TRPV4 通道被激活导致的,另一部分则来自紫外线对细胞 DNA 的直接损伤。

【皱纹出现】

皮肤由胶原蛋白纤维、弹性纤维、糖胺聚糖(主要是透明质酸)形成最基本的支撑。紫外线、糖化作用、自由基及程序性衰老会导致这些成分被降解、破坏,真皮变薄,弹性减弱,皱纹就更容易出现。做面部表情时,肌肉反复收缩舒张,也会加重皱纹,最常见的表情动作是:眯眼(近视眼多见)、皱眉(加重眉间纹)、夸张大笑(眼周和鼻根纹)、撇嘴(法令纹和嘴角下垂)、耸眉(额头纹)。在防晒、抗糖化、抗氧化的基础上,若能注意表情动作及睡姿,可以在一定程度上减轻皱纹。

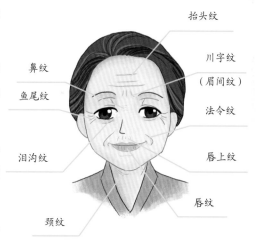

抬头纹

川字纹
(眉间纹)

法令纹

鼻纹

鱼尾纹

泪沟纹

唇上纹

唇纹

颈纹

【松弛、下垂,弹性下降】

真皮弹性减弱,会导致皮肤松弛,而皮下脂肪也会开始移位下垂,最突出的是腮部近嘴角处。分析衰老面部的特征,会发现所有的人眼角、嘴角都会有下垂迹象。女性应当保持皮下有适度的脂肪,这样可以使皮肤饱满。为此应当避免过度减肥,也不能过度肥胖然后再突然瘦下;应均衡饮食,食物中应有适当的脂类成分。

维持女性皮肤弹性和雌激素分泌以及适当的脂肪有重要关系，女性常常会在更年期前后加速衰老，与雌激素分泌功能下降的趋势一致。所以雌激素替代疗法也是延缓衰老的方法之一。女性可多摄取大豆类食物，其中的大豆异黄酮是一种类雌激素，有助于减轻衰老征兆。

【色斑出现】

由于紫外线的累积性影响，黑色素合成增多；糖化作用会导致肤色发黄；一些凋亡的细胞可能产生脂褐素；紫外线导致皮下的发色团增多；皮肤的自我修复能力降低等，都会导致色斑加重而成为衰老的征兆。

【皮肤干燥发黄】

衰老皮肤的更新周期延长一倍甚至更久，既有紫外线的因素，也有程序性衰老的因素。角质层因不能按时脱落而异常增厚，颜色发黄；由于表皮获得水分更难，故脆性增加、容易起毛，显得粗糙不平，对于光的反射和透射力下降，所以更加暗沉。对于这类衰老性皮肤，补水、保湿、适度去角质是很有效的。

全面抗老——冰寒的建议

我已经不能再用更多言语来形容防晒的重要性了。如果你问我抗衰老的第一重要措施是什么，我一定会回答：防晒。

第二重要的呢？答案：参见第一条。

如果你要问从什么时间给开始注意防晒，回答是：出生那天。

除日晒外，常年对肌肤造成损伤的因素有：风吹、吸烟、污染、生活不规律等。

【现在就可以行动的抗衰老策略】

1.健康的年轻肌肤：适合使用抗氧化为主的初级抗老产品，比如红石榴提取物，维生素 E、维生素 C、茶多酚等。这类成分营养适度且没有伤害，也是肌肤必需的营养，可以帮肌肤打下良好基础，避免提前衰老。

2.浅度皱纹的轻熟龄肌肤：适合使用多肽类（又称胜肽）抗老产品。倘若你嗜甜如命，很可能导致肌肤糖化现象严重，日常护理不妨使用烟酰胺（维生素 B₃）搭配肌肽类、七叶树提取物等成分抗糖化。对于表情纹，可以采用注射肉毒杆菌素；若肌肤出现塌陷，则可以考虑注射透明质酸或胶原蛋白填充。

3. 光老化严重的熟龄肌肤：因紫外线的伤害有异常的角质增厚，皮肤干燥且皱纹深，这类肌肤更适合使用视黄醇类产品来对抗光老化症状（例如视黄醇棕榈酸酯、棕榈酸视黄醛）；还可以使用清理角质类成分，如木瓜提取物、水杨酸、AHA 等，使老化角质脱落，新生肌肤露出，从而更显年轻。

4. 请注重饮食健康：日常饮食中应避免摄入过多的糖分，摄入过多的糖分会加速糖化作用（糖化是导致胶原蛋白变性和皮肤发黄老化的重要原因，而胶原蛋白损失是导致皱纹的首要原因）。

补充胶原蛋白也是一个可考虑的选择。关于口服胶原蛋白是否可以美肤，颇引争议，但近些年的诸多研究表明，服用胶原蛋白不仅可以帮助抗衰老、抗氧化，还能提升真皮中胶原蛋白纤维的密度、提升皮肤含水量，并且减少紫外线引起的皮肤损伤。富含胶原蛋白的食物有鱼皮、猪皮、猪蹄、凤爪等。以美容为目的，以纯胶原蛋白干粉计，每日补充量一般应大于 4 克（以吸收率 70% 计，大约要 30 克鲜猪皮）。而补充维生素 C、花青素（OPC）、绿茶等抗氧化食物，可以清除自由基，保护胶原蛋白不被破坏，并促进胶原蛋白的合成，有利于抗衰老。关于胶原蛋白的相关问题，将在内调养颜的章节详细探讨。

补充维生素是非常方便而廉价的抗衰老方法，如维生素 C、维生素 E、维生素 B。微量元素硒对抗衰老也非常重要。

选购抗老产品，需要参照肤质状况和年龄，还需要有正确的心态。你需要清醒地认识到：迄今为止衰老是不可逆转的，只能延缓。只要选择正确的产品搭配好的方法，就能在同龄人中有更好的状态。我认为：外貌比同龄人年轻 10 岁，是可以做到的。

最后，如果经济实力足够、肌肤问题又比较严重，也可以选择医学美容手术，例如注射透明质酸、胶原蛋白、自体脂肪填充，或者射频治疗、点阵激光治疗、微针治疗等。需要说明的是，除了部分射频以外，其他项目都是医疗项目，各有禁忌证和注意事项，应当咨询有资质的医生，并在可靠的正规医院里进行。

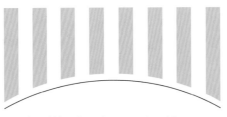

怎样瘦脸最有效？

如今流行巴掌脸，脸小的女生显得精致、秀气，而 16:9 的电脑屏幕的普及，也让小脸在屏幕上更占优势。

决定脸型的有三大要素：骨骼的形状与尺寸、肌肉是否发达、皮下脂肪的厚度。随着年龄的增长，真皮的紧致程度也开始对脸型产生影响，因为松弛的皮肤导致脂肪移位，会让脸下部显得更大。所以要想让脸变小，至少要考虑这四方面的因素。

能瘦脸的护肤品成分

瘦脸护肤品从作用机理上可以分为三类：消水类、减脂类和抗衰老紧致类

【消水类】

最常见的是咖啡因。咖啡因具有促进血液和淋巴循环的作用。当我们熬夜、疲劳、缺乏运动时，腮部会松弛，并且潴留较多水分，让脸看起来臃肿（臃肿的主要部位是腮部和眼下）。咖啡因同时也有促进脂肪分解的作用。

涂上含有咖啡因的产品之后，再加上按摩，让潴留的水分排走，血液循环加快，就能让脸部更加紧致。总的来说，咖啡因属于能够较快见到效果的成分，同时它也是一种神

经兴奋剂，其用量也是被严格管制的，所以我们不能对它抱有太高的期望。

再有是大黄提取物，可以促进静脉和淋巴管的微循环。大黄提取物的主要成分是大黄素，也有一定的副作用，所以在化妆品中的添加量也是比较有限的。

接骨木（elderberry）可以强化血管，减少血管通透性，从而减少血液中渗出到组织的水分，七叶树（horse chestnut）、积雪草酸（asiatic acid）亦有类似作用。

【 减脂类 】

这类成分能够加速脂肪分解，让皮下脂肪变薄，适合脂肪增多导致的脸胖。这些成分大多来自植物，常用的有：

茶碱/可可碱/咖啡因，可加速脂肪分解为甘油和游离脂肪酸；丹参提取物；小蓟；甜橙精油等，1ppm浓度的甜橙油可以让脂肪的分解速度增加2倍；苍术、毛喉鞘芯花、柴胡、辅酶A等则可帮助抑制被分解的甘油和游离脂肪酸重新变成脂肪。

其他还有肉碱，可以加速脂肪分解产热（作用于线粒体，可以认为线粒体是人体的"锅炉"）。

还有一些成分可以抑制脂肪合成，如木槿、藤黄中发现的碱式柠檬酸盐；咖啡白脂、咖啡醇和胆固醇则可以抑制脂肪的生成。南美卡巴拉树（Capara guyanensis）和非洲野生杧果（Ivingia gabonensis）籽油则可以减小脂肪细胞的体积。

二甲氧基波尔丁（dimethoxyboldine, glaucin，海罂粟碱）提取自黄花海罂粟（Glaucium flavum），在体外试验中它可以让脂肪细胞逐渐变成间质细胞，还能分泌胶原蛋白。

【 抗衰紧致类 】

腮部下垂的另一大原因是衰老——胶原蛋白受损失去弹性、皮肤松弛。所以抗衰老的许多成分都同时有让脸部紧致的效果，常用的成分有以下几种：

维生素C：促进胶原蛋白合成，使皮肤更有弹性。

维生素A及其衍生物（如视黄醇棕榈酸酯）：纠正皮肤角化过度的情况，让皮肤光滑、促进真皮胶原蛋白合成，使皮肤更加紧致。

维生素 B_3：抑制胶原蛋白的糖基化反应，使胶原蛋白纤维保持弹性。

辅酶 Q_{10}、维生素 E：减少自由基对胶原蛋白的伤害。

瘦脸护肤品这样用最有效

【结合使用】

脸部臃肿往往不是单一原因造成的，很可能前面所说的三种原因都有，所以瘦脸应当三管齐下，既排水，又减脂，又抗老，才能达到更好的效果。熬夜、不节制的夜生活是导致水肿的重要因素，我们应养成良好的作息和生活习惯。

有一类人是因为咬肌过于发达，或者是颌骨过于宽大才显得脸大，这类人使用这些瘦脸成分就没有什么效果了。可以考虑采用医学美容手段，但必须注意的是要寻找正规医院，找可信的医生为你操作，否则可能有损健康甚至带来生命危险。

【促进吸收】

所有上述瘦脸的成分，都必须被吸收才能发挥效果，尤其是消水类和减脂类，必须进入真皮层才会有效。可以用下面的方法促进吸收。

·脸部按摩：不仅促进吸收，也有利于塑形和直接促进循环，消除水肿。按摩方向是从下巴尖开始，向两侧至耳后提拉。去美容院做按摩还能产生心理暗示作用，自觉地约束自己的行为、改善生活方式，从而达到减脂的目的。

·特殊的制剂：将爆裂式泡沫剂涂在皮肤表面后，用手按住，能够快速产生极细的泡沫，然后迅速爆裂，据说可以产生超声波而促进吸收，当然这一说法暂时还缺乏严格的科学考证。

·离子导入、超声波导入：已经有研究证明用这些方法可以促进有效物质进入体内。当然，它们进入体内的量和速度也不可能过多和过快。这是一项持久的工作。

【注意饮食和生活习惯】

保持良好的生活和饮食习惯，可能会让你的瘦脸工作更加容易。

·健康而平衡的饮食：低脂、低糖的饮食能避免发胖，减少胶原蛋白糖化，从而起到抗衰老的作用，皮肤自然也就不会松弛得那么厉害。

·防晒：紫外线会强烈损伤胶原蛋白，造成胶原蛋白弹性丧失，年龄大到一定程度后会非常明显。

·不要总吃过硬的东西：过于用力的咀嚼给咬肌提供了锻炼机会，让它变得更加强大——腮部就会更加饱满了。

·多运动、少熬夜：这可以加速血液和体液循环，让肌肤紧致有弹性。

·睡前饮水不要过多：减少夜间水分潴留，避免浮肿、松弛。

芳香疗法的前世今生

芳香疗法（aromatherapy）在西方已有非常悠久的历史，经过电视媒体的普及，在中国迅速流行起来。精油以其独特的香味和气质赢得了女性的芳心。作为自然的产物，芳香产品带给人的身心、感官体验是无与伦比的。

芳香疗法真的有用吗？

芳香疗法有许多流派和说法，有很多是历史或商业的观点，不一定符合现代科学，不过，它们的作用并不全是空穴来风。许多精油，经现代研究证实确实有许多生理和医学效应。

· 薰衣草精油：能够止痒、抗炎、抑制多种微生物生长，适合油性皮肤。

· 茶树精油、迷迭香精油：具有很强的抗菌作用，对于一些炎性丘疹有很好的辅助治疗作用。

· 丁香和肉桂精油：对真菌有很强的杀灭作用。

· 天竺葵精油：具有抗病毒作用。

· 洋甘菊精油：含有红没药醇（bisapol），具有抗敏作用。

精油的作用不仅体现在这些"物质作用"上，还体现在精神作用上。由于提取自各种天然植物，精油均带有特殊的芬芳，至少在目前，这是人工香精无法模拟的。它带给人森林、草原、田野、花园等各种美妙的气息，有助于人的精神放松。在放松状态下，人的皮肤状态会更好。

植物的天然香气被证实可影响情绪并与愉悦感关联。情绪测绘法显示：小柑橘香味效应在于幸福感和兴奋，香草味则让人放松，心理、生理测试证实了这些发现。情绪和心理健康也是健康的组成部分，这是芳香疗法的生理和心理学基础之一。

在专业的 SPA（水疗）会所，美妙的芬芳，辅助以按摩、沐浴、桑拿，可以让人的精神彻底放松，这是现代都市人难得的一份奢侈。

在家中，在香薰灯上滴几滴自己喜欢的精油，可以调节气氛，这些香味能够影响人的情绪，让抑郁变成欢乐，让烦躁变成安静，这是一种美妙的情趣，带来的不仅是美丽的心情。

小链接

研究发现皮肤中有嗅觉感受器

德国波鸿鲁尔大学（Ruhr-Universität Bochum）的 Dr. Daniela Buss（丹妮拉·巴斯博士）等研究发现皮肤中有嗅觉感受器（代号 OR2AT4），檀香味合成香精可使其激活，进而加速伤口愈合。这是因为皮肤上的嗅觉感受器感受到了香味，启动了修复机制[12]。

研究还发现皮肤中不止一种嗅学感受器，这说明香味可能会直接影响皮肤状态。

精油和纯露

各种芳香植物之所以能发出香味，是因为它们含有数百种不同的芳香成分，这些芳香成分形成复杂的结合体，有着独特的作用机能。把这些芳香物质提取出来，就会形成像油一样的液体，这就是精油；在提取精油时还有一部分水状的液体，除了微量精油以外，还含有各种芳香植物精华，这就是纯露。

精油的提取方法主要有三类：

·蒸馏法：在水蒸气穿透植物时，带出精油成分，然后在冷凝器中凝结、分离。

·压榨法：适合于含油量比较高的果实类，比如甜橙、柠檬，把压出来的汁液再进行分离，得到精油。

·萃取法：使用超临界萃取技术，以有机溶剂"清洗" 芳香植物，将其内的精油成分溶解出来，然后再与溶剂分离，得到精油。

芳香植物含油量高，得到的精油就比较多，比如迷迭香、薰衣草、茶树等；有些植物含油量特别特别低，提取率（得率）非常低，所以价格就极其高昂，比如玫瑰、茉莉、檀香等。

典型的精油提取过程如下：

①生长中的迷迭香，散发着强烈的香味→②收割后的迷迭香要在通风处阴干，不能曝晒，当然，鲜株亦可直接加工→③放入蒸馏装置中加热，水蒸气通过时，带出挥发性、蒸发性成分→④冷凝之后，精油会浮在上面，下面含有微量精油、有机酸等的溶液即为纯露。

纯露除了含有微量精油外，还含有许多植物体内的水溶性物质。它与植物精油本身有着相近的作用和功效，但使用起来更方便，也更安全温和。纯露在日常生活中有很多用处，例如：

·把它当作爽肤水每天使用，不仅可以保湿补水，不同的纯露更对问题皮肤有一定的改善。

冰寒提醒》

油性皮肤，特别推荐橙花、薰衣草、迷迭香；痘痘肌适合用天竺葵、茶树、岩兰草等；敏感肌则推荐使用洋甘菊。

·用它润湿化妆棉片来敷面，除可镇定皮肤外，还可减轻皮肤一天下来的疲劳感。

·还可以把它当作花露水、香水，喷洒在枕头边、棉被上、衣柜里、空调环境下，有清新空气，提神醒脑等作用。

·用它调和面膜、滋润霜等。

关于纯露对皮肤的作用机制，尚有许多不清楚的地方，值得深入研究。

值得关注的问题

【真假与产地】

前些年新闻报道过不少关于假精油的消息，假精油一般都是用植物油调和香精之类制造而成，非常便宜。这种味道在足浴店最容易闻到——那是一种有点刺鼻，香得不自然、不舒服的香味，很难用语言去描述。真正精油的味道是富有层次的、令人感到美妙的。

> **冰寒提醒 »**
>
> 大部分纯精油滴在纸片上，自然放置一夜，纸片上不会留下任何油迹；不过这个方法并不能鉴定复方精油。

纯露与精油给人带来的感觉类似。需要说明的是同一种植物提炼出来的精油和纯露会有不同的香味和调性，只有多闻才能体会到其中的妙处。

纯露的留香时间一般较短，然后会留下不是那么香、有一点酸酸的味道。有的纯露初闻还有些熏人，并不是那么舒服，例如薰衣草纯露、洋甘菊纯露。

能够提炼精油的芳香植物各有最佳产地，当然也不是某一个产地的就一定是全球最好的。比如法国的薰衣草精油被奉为上品，但产于中国新疆的品质也很好，除了法国产的气味与中国产的可能有些不同之外，总体效果上相差并不是太大。大部分时候，产地很重要；但产地不是唯一的判断标准。

市面上还有一些吹得神乎其神的精油类产品，号称能够削骨、隆鼻等，这些说法违背基本的科学常识，不必相信。

【过敏和刺激】

精油是小分子物质，而且是脂溶性的，因此极容易渗透入皮肤，这意味着它们很容易接触到神经感受器和免疫细胞，形成刺激感或过敏反应——皮肤屏障功能不好的人尤其如此。所以，精油在使用上有许多需要注意的地方：

·高纯度的精油刺激性更强，因此要严格避免其接触黏膜、阴囊、眼睑等部位，以免造成灼伤。高纯度精油多数都需要使用基础油稀释，一般从 5% 的浓度开始，逐步提升浓度，慢慢寻找到自己的耐受浓度。

·未去除香豆素的柑橘类精油含有较多的光敏性物质（香豆素类），用后应十分注意防晒。

·应当先试用，看看是否会过敏、刺激。

·多数精油不应使用在有明显伤口的地方，以免形成刺激使炎症加重。

正确使用精油和纯露，避免对皮肤造成刺激，完全可以让精油和纯露成为一个改善肌肤、愉悦心情的好帮手。精油和纯露的使用技巧，可参考相关芳疗书籍。

生理期的
特别护肤守则

生理期前几天由于雌激素相对水平下降，会导致雄激素相对水平升高，皮脂分泌更加旺盛，故 70% 的女性在经前期会有痘痘加重的现象。

研究还表明，女性生理期前皮肤会变得更脆弱，屏障功能下降，更容易受到损伤和刺激。

因此，女性在生理期的护肤应当注意从简，避免过度清洁和摩擦肌肤，不要一到这个时候就拼命想补救，狂用护肤品，结果反倒给肌肤造成伤害。

女性生理期期间会因失血而导致轻微贫血，肤色会受到影响。对女性来说，平时要注意补充足够的铁和蛋白质，这有利于维持正常的血细胞分化所需要的营养。同时应当注意休息，补充维生素和矿物质。注意腹部的保暖以缓解腹痛，因为腹内的痛属于钝痛，也会影响到人的精神状态，进而影响到皮肤。

另外，"生理痘"具有一定普遍性，大约会影响 70% 的女性。这些痘一方面是由于激素水平变化引起，同时也必须认识到：这些爆出来的"痘"，也就是炎性丘疹，一定是由内、外两方面的因素共同作用形成的。激素水平属于内因，它的波动属于正常的生命活动，难以干预，但是外因则可能与微生物或寄生虫有关，常见的有细菌、真菌、毛囊虫等。顽固的、好发于口周和面部下三分之一的口周皮炎及痤疮，要考虑梭菌感染等可能。有这类问题的朋友，建议做详细的医学检查，确定病因后进行治疗。同时应当减少摄入牛肉、牛奶及奶制品等含亮氨酸较高的食物，注意保持低糖饮食，拒绝甜点，饮食尽量清淡并以植物性食物为主，可缓解炎症。

生理期间护肤的基本原则

第一，减少护肤程序，尽量避免化妆和卸妆，清洁力度要控制，不可过度。

第二，注意保湿，因为皮肤屏障功能降低，水分更容易流失（这会导致肤色暗沉）。

第三，避免在这期间更换护肤品，尤其是适用性未知的护肤品，否则风险很大。

第四，使用修护类的精华，这时候皮肤脆弱，特别需要你的关爱。

在月经之后这段时间皮肤进入了恢复期，自我更新和代谢旺盛，此时若能加把力，保养效果会更好。以使用保养品为主，不要轻易地去角质、去美容院做按摩等。皮肤此时最需要的是在一个"和平"的环境下搞建设，而不是揠苗助长。使用的产品要少而精，关键的产品要给力，不能贪多，以免加重皮肤负担。

冰寒提醒》

如果可以，就不要化妆。如果必须要化，请尽量化淡妆。如果要选择彩妆产品，建议依照下列原则进行：

1. 尽量用天然成分的彩妆品，无论是植物的还是矿物的。

2. 香精含量低。

3. 色素少的，或者只含天然色素。

4. 不那么黏稠。

5. 防水力弱，用普通洁面乳就能洗掉而无须卸妆。

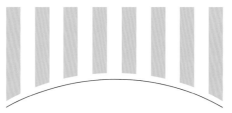

孕期也要好好护肤

不少孕妇因为害怕护肤品给胎儿带来不良影响，吓得不敢护肤，有的连洁面乳都不敢用。其实孕妇不仅能够护肤，而且还应该好好保护自己的肌肤，恰当地利用护肤品和内调方法，做个美妈妈是完全有可能的。

做好基本的护理

孕妇可以不必追求太多的产品和复杂的程序，但是基本护理应该做好：清洁、保湿、防晒、抗氧化。

多数护肤品成分对孕妇都是安全的。清洁类产品通常只是在皮肤表面停留很短的时间就会被冲洗掉，吸收有限。

保湿类成分如透明质酸钠、甘油、海藻提取物、丁二醇等也都是安全的。

防晒类成分的安全性略低，但物理防晒剂的安全性很高；建议首选硬防晒，没有比这安全性更高的方法了。

抗氧化类成分，例如维生素 C、维生素 E、葡萄籽提取物、维生素 B 族、胶原蛋白水解产物等，都是安全的。

一些可作为食物和饮料的植物粉（如绿茶、绿豆等）、珍珠粉等，也都是安全的。

其他保养

孕妇要非常注意营养，这是大家所共知的。就美容方面，建议补充足够的维生素 C，以促进胶原蛋白的合成（事实上胎儿生长过程中也需要大量胶原蛋白），其他维生素也要充足、均衡地摄取。

要非常注意防晒。70% 的女性产后会出现黄褐斑，原因仍然不清楚，这也许与代谢、激素变化、组织损伤、营养等一系列问题相关。但不管怎样，日光会促进色斑发展。补充钙质所需要的维生素 D，可从食物或营养补充剂中获取。

多补充粗纤维、菌菇类食品。孕妇常发便秘，而宿便中有大量微生物，它们代谢产生的有毒物质会随水分被吸收，不利于健康和美容。这些食物对于缓解便秘的作用十分明显。

大部分孕妇因受传统习惯的影响，都会大鱼大肉地进补。这类食物高脂高蛋白，过量摄入有很多不利之处，应适度摄入。

呵护宝宝的娇嫩肌肤

儿童皮肤完美幼嫩，容易受到外界因素的侵袭和损伤。一般而言，针对敏感性肌肤的护理原则均适用于儿童。以下为护理原则：

清洁原则

【适度清洁，避免过度清洁】

儿童皮脂少，皮肤没那么容易脏，也很薄，因此不要采取强力的清洁措施。大部分时候，用温水、手、毛巾就可以清洁干净了，要避免给儿童用卸妆水、卸妆油之类的产品；少用洁面乳，尤其是含皂基的洁面产品。当然，皮肤被弄脏了有特别需要时除外。

【轻轻擦拭，避免皮肤损伤】

不要给儿童用化妆棉。建议洁面后用软毛巾拧干，轻轻把脸上的残水吸干即可，不要用力擦拭；尽量避免给儿童用湿巾，过度使用湿巾造成的儿童皮肤问题已在美国引起重视[13]。

【不要让宝宝有洁癖】

许多妈妈都觉得什么东西越干净越好，其实在皮肤上并不是那么回事儿。环境太过洁净容易造成 T 细胞缺乏（进而可能影响认知能力）[14]，皮肤表面的正常菌群可以"训练"免疫系统，形成正常的免疫应答，如果没有它们存在，免疫系统就不知道该如何工作。如果什么东西都要消毒、灭菌，对宝宝的成长不见得有利。在日常情况下，使用抗菌皂、抗菌洗衣液并无必要。

提供必要的保护

【最好使用为儿童设计的护肤品】

鉴于儿童的皮肤特点，宝宝需要低刺激、温和、安全性更好的护肤品。中国也发布了儿童化妆品评审指南，对配方、技术指标等做了较为详尽的规定。如果宝宝的肌肤本身很滋润，做好防晒和基本清洁就可以了，未必一定要涂什么产品。冬天、干燥的气候条件下，儿童皮肤容易皴裂，使用护肤品就很有必要。

[**小贴士**]

关于儿童防晒的叮咛

注重防晒不等于完全不接触阳光，而是避免强烈日晒、长时间曝晒以及日光对皮肤造成损伤。事实上即使我们把所有的防晒措施都做足，也还是可以接触到阳光的。

教会孩子防晒的 ABC 原则，让孩子学会避晒、遮挡的方法，并为其配备恰当的用品。

婴幼儿皮肤薄，透皮吸收能力强，故 6 个月以下婴儿应避免使用防晒霜，以防止可能的刺激、过敏、光敏甚至光毒性反应；6 个月以上也应当尽可能避用、少用，如果要用，也尽可能用物理防晒剂，避免使用化学防晒剂，尤其是含有二苯酮类、肉桂酸酯类、水杨酸酯类和奥克立林的产品。

不要因为防晒而担心维生素 D 摄入不足的问题。一则维生素 D 可以从食物中获取，二则人不可能不接触阳光，另外也可以让四肢的皮肤来完成维生素 D 的合成而不是脸。现有研究表明，白色的鲜蘑菇在阳光下晒 30 分钟就可以产生大量维生素 D。

不要因为需要补充维生素 D 而把孩子放到窗台上隔着玻璃晒。因为合成维生素 D 需要的是波长 294 纳米左右的 UVB，而 UVB 并不能有效穿透玻璃，UVA 却可以。所以这么做会把宝宝晒黑、晒老，却晒不出维生素 D。

【特别注意防晒】

如第二篇所述，防晒是应当从出生时就开始做的，儿童的皮肤幼嫩，更容易受到阳光损伤，紫外线的损伤具有累积性，需要从小就注意防护。

【提供足够的必需脂肪酸】

人体不能合成必需脂肪酸，需要从外界摄取，主要来源是坚果、鱼油、种子胚芽等。必需脂肪酸具有多种非常重要的生理作用，包括促进智力发育。特应性皮炎、湿疹、炎症等皮肤问题可能与缺乏必需脂肪酸有关。为维持良好的皮肤功能，充分摄取必需脂肪酸是必要的，最推荐的有核桃、芝麻、亚麻籽、紫苏等。

远离危险及伤害

【避免彩妆】

有的大人觉得给儿童涂涂彩妆挺好玩的，但给儿童化妆很有可能造成接触性皮炎等各种问题。

【 注意和大人之间的接触 】

婴儿在出生后，会从大人皮肤上获得皮肤微生物菌群，菌群的结构是否良好，对皮肤健康有很大影响。如果父母有比较严重的痤疮、脂溢性皮炎、真菌性毛囊炎等，建议控制与儿童的亲密接触。

【 女婴要避免生殖器部位用滑石粉 】

为了避免婴儿长痱子，家长在夏天经常会给宝宝擦爽身粉，许多爽身粉的主要成分是滑石粉。滑石粉进入呼吸道或卵巢中时，其中可能残留的石棉成分具有致癌作用[15]，因此建议使用以玉米淀粉为主要基质制造的婴儿爽身粉。

教宝宝养成好习惯

【 让宝宝养成良好的表情习惯 】

如前所述，有一类皱纹叫作表情纹，其形成与表情动作习惯相关。如果宝宝从小养成一些不太好的表情习惯，例如紧锁眉头、皱鼻子、频繁且轻易地发怒、故意学小丑做三角眼、表示不屑一顾撇嘴等，久而久之，就会影响到面部皱纹的状态，产生某些让人感觉不太好的面相。比如一直频繁且轻易地发怒，看起来会比较凶；经常不屑一顾，会形成覆舟嘴，看起来对周围什么都不满的样子，会降低亲和力。避免这些问题的关键，在于从小让宝宝学会理性、正确地表达情感和想法，开心、快乐地生活。

【 让宝宝养成良好的饮食习惯 】

平衡、多元化的饮食是健康的基础，而健康是皮肤美丽的基石。例如：很多研究都认为高血糖指数 (GI) 食物会加重痤疮，高糖食品、奶制品、冰激凌等的摄入与痤疮严重程度呈正相关。又如：过高的糖分除了可能加速衰老、诱发糖尿病、使痘痘严重、导致肥胖外，新研究发现血糖过高会导致手术伤口愈合变慢[16]。饮食还可以影响肠道菌群平衡，肠道菌群平衡又直接影响到全身健康。让宝宝养成良好的饮食习惯，不仅对皮肤有好处，更是终生受用的财富。当然这有一个重要前提：你要以身作则。

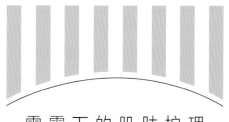

雾霾下的肌肤护理

很多女性问冰寒：雾霾对皮肤会有什么样的影响？雾霾天应该怎样护肤才放心？

雾霾给人们带来了很多的烦恼——当然，也不是全没有好处。我曾开玩笑说：以前我倡导伞防晒、帽防晒、霜防晒、宅防晒等，现在有了"霾防晒"，都不需要这些了。这真是个令人心酸的笑话。回到正题，雾霾的持续发生，似乎也让化妆品行业也找到了新的增长点，各种与雾霾相关的产品、说法层出不穷。冰寒梳理了相关的研究，并分享自己的观点如下：

大气污染会影响皮肤状态吗？

目前的研究表明，大气污染确实可以加速衰老，尤其是促进皱纹和色斑的产生。在2012 年中国皮肤科医师年会上， Mary S Matsui 博士报告了关于污染与皮肤老化的流行病学研究：35％以上的色斑与邻近繁华的主干道有关，额头和脸颊的色斑与暴露在烟尘、交通颗粒物、PM10 中均有关，且会有更明显的鼻唇褶。每增加一个 IQR 的烟尘（每0.5×0.00001/ 米），可使额头色斑增加 22％，脸颊色斑增加 20％。

大气污染中的另一类污染物——臭氧，在夏季很可能成为首要空气污染物。臭氧超标会刺激呼吸道、眼睛，加速皮肤老化和色斑形成，儿童和体质较弱的病人更易受影响。

大气污染中的一些其他化学物质可能会增加对敏感皮肤的刺激，导致过敏、荨麻疹等。

可以肯定地认为，大气污染对皮肤有负面影响，但是目前的研究还比较初步，污染使皮肤衰老的机制仍不十分明确，需要做进一步研究。

【PM2.5 真的可以钻到毛孔里去吗？是否需要采取特别的清洁措施？】

根据常识推理，PM2.5 钻入毛孔只是一个形象的说法，它们不会真的钻到毛孔里去。毛孔并不是一个黑洞（能不断吸纳物质），而是一个不断分泌皮脂并将之排出的结构。PM2.5 这么细微、轻飘的颗粒，想要在（相对它的体积和重量来说）浩浩荡荡的皮脂流里逆流而上，在动力学上缺乏可能性。

PM2.5 多以气溶胶形式存在，也有一些小的固体粉尘，如果皮肤表面较油腻，有可能沾染到皮肤上，在皮肤表层形成危害（目前还没有确凿证据认为 PM2.5 可以通过皮肤表面进入皮肤深层）。清洁当然是很重要的，不过似乎也没有必要采取特别的清洁措施，现有的洁面产品和方法足可洗去皮肤表面的 PM2.5 或其他污染物颗粒。

另一方面，有许多人因为 PM2.5 而恐慌，拼命去角质、深层清洁，一天洗很多次脸，毫无疑问过度清洁会损伤皮肤屏障，严重的会导致正常肌肤变成敏感肌肤。试想一下：如果 PM2.5 有一定的渗透能力，角质层变薄以后，它是否更容易渗透到皮肤里，危害更大呢？

大气污染时的护肤保养重点

第一、应重点关注肺和呼吸道的健康，一定要在外出时戴上合适的口罩。

我们知道，过多的颗粒污染物进入肺之后，日积月累，会导致肺变黑，严重的会纤维化，导致肺的气体交换能力下降，这又使血液获得充足氧气的能力降低了，血液的颜色可能发暗，这会直接影响到皮肤的颜色和光泽。

市面上已经有可过滤 PM2.5 的口罩，价格也很便宜，有的款式也不错，在技术和经济性上都不成问题。最大的问题在于你的心理障碍——有的人总觉得众目睽睽之下，只有自己一个人戴口罩，感觉很奇怪。

说实话，有没有觉得是你自作多情了？本来大家都是路人，不可能有太多人认识你，戴上口罩就更没人能认识你了。就算认出你了，那又怎么样？不爱惜自己还嘲笑别人爱护自己很有理吗？所以我特别强调：健康既是一项权利，也是对家人和自己的责任。请爱自己多一点！

第二、建议特别关注抗氧化。已知大气污染中，颗粒物表面可能携带大量自由基，臭氧也有很强的氧化作用。这些物质接触皮肤后，会消耗皮肤表层本来就不多的抗氧化剂（如维生素C、维生素E，尤其是维生素E），从而对皮肤造成伤害。皮肤的屏障作用和固有结构使得皮肤不可能快速从真皮内部获得足够的抗氧化剂补给，因此外用抗氧化剂的必要性就更明显了。建议尽可能考虑含有维生素C、维生素E、虾青素、烟酰胺、大豆异黄酮、花青素、谷胱甘肽等抗氧化成分的护肤品，防止污染物消耗我们珍贵的自体抗氧化成分，保护肌肤。

第三、在污染严重的时候要避免外出，尤其是有体育锻炼习惯的人。虽然生命在于运动，但运动越多，吸入的污染物越多，两相权衡，宅一点也许更好。

第四、空气净化机，该买还得买。这是近年来切合中国实际的热门产品，质量也有些参差不齐，建议关注消协、质监等发布的相关检测信息，选购既能过滤灰尘微粒，又能真正清除臭氧甲醛的好机器。

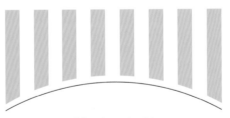

美容院的
正确打开方式

美容院刚兴起的时候，大街小巷遍地开花，迅速火遍全国，成为时尚的象征。许多港台明星也把开美容院、SPA（水疗）会所作为自己的创业项目，更加让美容院显得高端大气上档次。

实事求是地说，美容院在本质上是可以对皮肤和健康有所助益的。对面部的恰当按摩，可以促进血液循环；使用合适的器械，可以增加护肤品的吸收；在美容院的环境下，躺着接受服务，人会十分放松，对身心肌肤皆有帮助。

随着美容院的数量越来越多、门槛越来越低，大量的从业人员专业素养跟不上，以及高涨的成本、顾客不切实际的心理期待等，催生了唯利是图的经营行为，一些美容院变成不少人的"毁容院"。在此情况下，懂得规避风险、挑选安全可信的美容院就成为一项技能了。我给出如下建议：

第一、要提升自己的皮肤美容知识素养（阅读本书当然是有所帮助的），这样就不会轻易被那些天花乱坠的宣传所迷惑。

第二、不要抱着不切实际的想法进入美容院。"今年二十明年十八"是广告用语。皮肤病要去医院治疗，不要指望美容院。越有不切实际的期望，越容易在一个美好的期许前掏大钱，并且接受一些冒险的、非正规的产品和方法。有的人很喜欢出了美容院脸上立即变得嫩红的感觉，其实这种效果多是拼命去角质而产生的，要不了多久，肌肤就会变成敏感肌。

第三、注意看美容院是否有违规行为。例如是否私自开展不允许进行的医疗项目、侵入性治疗性项目等。

第四、美容院的工作人员推荐院装产品时，需要先看一下产品是否符合基本的法规要求，或者可以拍张照片，记下厂家和品牌名，查证一番再说。特别需要说明的是：院装产品，尤其是祛痘、色斑、抗敏的产品，是添加激素等违禁成分的重灾区，需要谨慎。

最后，要看看他们是否有欺诈、强迫消费行为。有的美容院以免费体验为名，诱导路人进入，然后再轮番轰炸、恐吓，直到掏钱才能走人。对于不良商家，不要再相信他们的任何一家分店，并且要通过各种途径让自己的好友知晓。

总之，请记住，美容院是一个放松的地方，可能是变美的场所，也可以是毁容集中营。提升专业素养，避免让不良商家坑蒙拐骗，才是硬道理。

小链接

不正规美容院经常采用的欺骗性方法

· 以免费为名吸引你进入，涂一脸东西，不买东西不给擦掉；或者清洁半边脸，另半边脸要付钱；或者要求强制办卡。

· 声称什么仪器能去色斑，然后就用仪器在脸上按摩出黑色的东西，说是脸太脏了，要买精油才可以洗，恐吓你黑色还会回到皮肤里，还会长斑，让你快点掏钱。

· 用某种仪器在你脸上看，然后说看到了激素、毒素、重金属、细菌等，必须排出来。

· 使用了一些产品、方法后导致皮肤受损，或者发生过敏、刺激等症状，声称这是排毒。

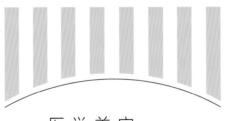

医学美容——
风险与收益并存

护肤品的作用以不改变人体的功能与结构为限，那意味着超过这个界限的，都需要求助于医学手段。这里简要介绍一些常见的医学美容方法，旨在帮助你了解医美的一些基本原理、不同方法适用的范围以及基本的注意事项。

应当提醒的是，大部分方法都有一定的侵入性（即会造成损伤），因此你是否适合做、该采用什么样的参数，均应由有资质的医生评估和干预，以确保采用这些方法所获得的收益大于风险。

激光

适用范围：脱毛、黑头、痘坑、各种类型的色斑、器质性毛孔粗大等。

激光是指单一波长的定向光束。由于波长单一，容易调控，可作用于特定的"靶位"，这些靶位吸收激光，产生一定的反应，以达到临床治疗效果，例如有的激光作用于黑色素，就可以用于淡斑；有的作用于血红素，就可以针对血管；有的作用于水，就可以针对细胞外基质。同时，通过调节波长和能量，可使激光穿透到不同的深度发挥作用。

激光的基本作用原理是光热效应，即光子携带的能量到达靶目标后，转换成热量，对目标形成破坏。例如激光脱毛，可破坏毛球细胞，使其失去生长能力；点阵激光，以细小光束在真皮内形成局部破坏，诱导机体产生损伤修复效应，进而产生更多的胶原蛋白和透明质酸，达到表面重塑和年轻紧致的效果。

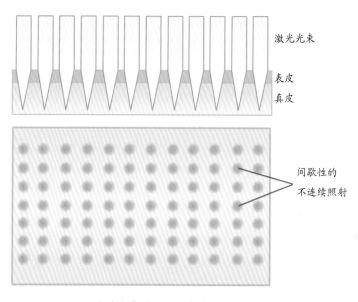

点阵激光的原理示意图

激光根据光源激发体及调制方法的不同，有繁多的种类，各有不同的适用范围；针对每一个个体的不同情况，需要选择合适的波长、能量强度、脉冲时间等参数，它不仅是一门技术，也是一门艺术，因此一定要由专业的医师操作。

强脉冲光 / 光子

适用范围: 面部年轻化（嫩肤）、美白祛斑、一定程度地减少皮脂分泌、增强皮肤弹性、改善红血丝等。

强脉冲光（intense pulsed light，IPL）同样利用了光热原理。与激光不同的是，强脉冲光并不是单一波长，而是一定范围的复合波长光束，对皮肤的损伤更小；通过对脉冲频率、能量级别、持续时间等各种参数的调整，可以达到嫩肤、祛斑、脱毛、祛除红血丝等多种效果。

第四代强脉冲光被称为 OPT（optimal pulse technology，优化脉冲技术），能更精确地调整和控制参数，输出的脉冲更加稳定，安全性、有效性更佳。

A 型肉毒杆菌素

适用范围: 动力性皱纹（抬头纹、眼角纹、眉间纹、鼻根纹、颈纹）、肌肉肥大（俗称瘦脸、瘦腿等）、脸部因肌肉原因产生的不对称（大小脸、高低脸）、狐臭、腋窝和手部多汗等。由于毒素效果一般只能维持数月，所以需要定时重复注射。

A 型肉毒杆菌素是一种提取自肉毒杆菌的毒素，它可以使肌肉麻痹并可以致死，后来发现低剂量能被用于医疗用途，并进一步被用于美容。

如我们所知，有一部分皱纹是因为肌肉的收缩引起的，所以阻断这些肌肉的运动，就可以减少皱纹。而长时间不动的肌肉，会发生萎缩，因此肉毒素可用于咬肌肥大造成的面部轮廓过硬，此外，还可用于狐臭和多汗，其原理是麻痹促进汗液排出的肌肉。

A 型肉毒杆菌素最早在美国应用，知名产品是 Botox（中文译为保妥适）。中国兰州的衡力牌 A 型肉毒杆菌素在业界也享有良好声誉。

A 型肉毒杆菌素的使用剂量、部位、适应范围都有严格的限制，要保证其安全性与效果，必须由医生评估适应与否、必须使用正品产品、必须由经培训合格的医生进行注射操作。因此不要随意到没有资质的场所去注射，每年因此发生的医疗事故不胜枚举，必须引起高度重视。

总体来说，严格按规范使用，A 型肉毒杆菌素是很安全的，但注射技术及剂量把控不严，也可能出现不良作用，包括表情僵硬、笑容怪异、嘴型异常等，但是可以逐渐恢复。

微针

适用范围：抗衰老、去妊娠纹、去皱纹、促进皮肤饱满年轻化等。

微针是 Mesotherapy（美塑疗法）的一种。法国医生 Michel Pistor 于 1952 年首创了这种方法，通过在皮下注射各种维生素、矿物质和植物精制品、抗感染制剂、激素、激素阻滞剂和麻醉剂、透明质酸、各种生长因子等，促进胶原蛋白和弹性纤维合成、减脂溶脂、消除橘皮组织，改善下垂、皱纹、肤色等。

这么做是因为皮肤具有很强的屏障功能，如果仅将这些有效物质涂抹在皮肤表面，会因被吸收的数量很少而难以达到预期效果。因此采用微小的针头把皮肤表面刺破，形成迅速渗透的通道至目标区域，让有效物质发挥作用。

微针有许多材质、针型、粗细，根据不同的目标区域，又可以有不同的长短。需要根据不同的情况由医生评估后采用。

针头较长的微针创伤是比较明显的，因此原则上需要在严格的无菌条件下由经过培训过的医生操作，炎症、感染、敏感等属于禁忌状况。有的人买了微针自己在家里操作，常常会产生不良后果。

糖皮质激素局部封闭

高剂量的糖皮质激素可以阻止蛋白质的合成，因此局部注射入隆起于皮肤表面的瘢痕，使之发生萎缩，就可以达到平复皮肤表面的目的。常用于治疗疤痕和痤疮结节。

填充注射

在凹陷、不够饱满、不够挺拔的区域，注射无害同时又能较久保持体积的物质，达到改变脸型、填平沟纹的方法，即为填充注射。通常适用于法令纹、鼻根纹、泪沟纹、太阳穴、下巴、苹果肌等各种部位的填充。

填充注射现在常用的物质是透明质酸（玻尿酸）和胶原蛋白，一般可保持半年到一年的效果。随着这些物质逐渐降解，填充效果减弱，就需要重新注射。

另外还可以考虑自体脂肪填充，即通过抽取自身的部分脂肪填充到需要的部位，可以做到局部减肥和丰满的作用，但是需要进行吸脂手术。

风险提示：

除了透明质酸和胶原蛋白外，还有其他的注射填充物，但就目前而言，前两者因为可以被降解，有较好的生物相容性，安全性是最高的；不能被降解的物质，一旦有问题想取出来，也是极为困难甚至是不可能的。因此强烈建议优先选择这些更安全的材料。

填充注射要求注射者对面部解剖结构，尤其是血管、神经和解剖层次非常熟悉。每年都有填充剂注射入眼部的血管而导致失明等事故发生，而且，手术卫生条件要求严格，故必须由有资质的专业医师操作。

最后，正规的填充剂价格较贵，一些不法商家为了获取利润，利用非法途径售卖假冒伪劣产品。使用劣质材料导致鼻子、下巴烂掉的报道时有耳闻，所以在此郑重提示：切勿为了省钱去冒毁容的风险！

光动力疗法

光动力疗法 (PDT, photo dynamic therapy) 可用于痤疮的治疗。长久以来，痤疮丙酸杆菌（*Propionibacterium acnes*）被怀疑为导致痤疮的重要原因。在 PA 生长过程中，会分泌卟啉（主要是粪卟啉 III 和原卟啉 IX），这类物质能显著吸收蓝光或红光，因此，照射蓝光和红光，可以靶向性地作用于卟啉，引发强烈的光化学反应形成活性氧簇（ROS），直接杀灭痤疮丙酸杆菌。

目前 PDT 是一种常用的方法，不过仍然有许多机理尚不清楚，比如有部分人照射后会爆发大量痤疮（反应性痤疮），复发的人也不少。痤疮丙酸杆菌是否就是正确的治疗靶点，对此医学界尚有不同认识，从文献和我们自己的研究来看，痤疮丙酸杆菌也可能只是充当了指示者的角色。

风险提示：

并不是人人都适合 PDT。它是有禁忌证的，例如光敏性体质、系统性红斑狼疮等患者都不宜应用，故应由专业医师评估后确认是否可以使用。

红光和蓝光有刺激黑色素合成的作用，照射剂量较大可能导致肤色加深、色斑加重，对此应有心理准备。

射频

射频俗称电波拉皮。其作用原理的本质和点阵激光相同：以低限度的损伤诱发皮肤自身的再生和重建机制，达到年轻化的效果。

通过射频（电波），将真皮层的胶原蛋白加热至变性，造成损伤，机体为了修复损伤，就会启动代偿性修复机制，合成更多的胶原蛋白。

射频对于抗衰老是非常好的选择，安全性高，效果明显，不过价格也相当贵。

由于射频会对皮肤造成一定程度的损伤，故还是应当注意安全，由有经验的、经过培训的人员操作为宜。

美白针

美白针是俗称，其实质是通过注射向体内输入能够抑制黑色素合成的药物或抗氧化剂，例如维生素 C、氨甲环酸、谷胱甘肽等。这些药物都是可以使用的，但是，美白针也是有禁忌证的。尤其是氨甲环酸，使用者需要在使用前做全面体检，看看有没有肝肾功能障碍、有没有凝血障碍等，否则可能发生不良后果。这属于医疗行为，应当由医生评估后操作。美容院没有注射任何药物的资格。

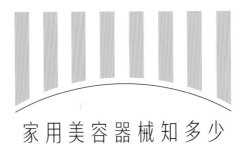

家用美容器械知多少

蒸脸器

可以用。蒸脸器有冷蒸和热蒸两种，前者相当于一个加湿器，用超声波雾化水分后飞散到空气中，可增加空气湿度；后者相当于一个桑拿器，通过加热产生热的水蒸气，冬天用既可以改善皮肤含水量，还能促进血液循环。里面加点精油纯露，还可以调节居室氛围。敏感性、炎症性皮肤建议慎用热蒸。

洗脸刷

洗脸刷的清洁效果来自机械摩擦，是否安全取决于使用者的肌肤状况以及使用方法。由于刷毛很细，可以触及手

不能触到的皮纹、毛囊口，故能有良好的清洁效果，无论是往复式震动，还是圆周式旋动，都是如此。往复式震动由于刷毛的活动范围较小，故摩擦力比圆周式小，相对温和一点。有的洁面刷在宣传中冠以"超声波清洁"或者"声波清洁"，从技术数据看，洁面刷每分钟的振动频率为300次左右，因此不能被认为是超声波，也难说是利用声波在进行清洁。

适合肤质

· 衰老且角质层厚的肌肤、真正的粉刺性肌肤、混合性皮肤的 T 区、比较油且没有屏障损伤的肌肤，可以使用洗脸刷。（考虑到皮肤的更新周期，也不需要过于频繁使用，一周使用个一两次就足够了。）

· 敏感性肌肤、炎症性肌肤、干性肌肤，不建议使用洗脸刷。

· 正常肌肤，中性肌肤，可用可不用，不用为佳，用也要少用。

刷头分为海绵的、细毛的，由于越粗的毛摩擦力越强，故又开发出不同直径和形状的刷毛，适合不同的需要。然而，这只是减弱了清洁的强度，原理上仍然相同。使用海绵刷头，则除了摩擦力外，还增加了吸附力（毛细作用）。也因为其清洁功能很强，应尤其警惕不当使用而造成过度清洁。

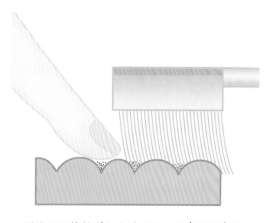

刷子可以接触到细小的凹陷，具有更强清洁力

洗脸刷与皮肤之间的摩擦力受压力影响。刷头压在皮肤上越紧，摩擦力越大，去角质力越强，所以，请不要过度按压。如果有宣传说：刷头完全不需要接触皮肤，那么，请你用手洗脸就是了。

卸妆，尤其是卸浓妆，洁面工具是一个好帮手，它确实能够帮助清洁。但防晒霜、轻彩妆，未必有使用刷子的必要。

手持式光疗仪和 LED 面膜

不同波长的光对皮肤确有作用，目前市面上主要是使用红光和蓝光，但照射必须到达一定强度才有效，手持式产品提供的能量、拳头大的面积强度不知是否足够。某些商品宣传、评论似乎违背常理，比如 9 天淡斑、2 周去皱。

红光可以深入到真皮，刺激成纤维细胞活动；蓝光具有光动力作用。但是，无论红光还是蓝光，也可以刺激黑色素的合成，光疗仪也许可以使用，但应把握好度。

超声波美容仪

振动频率高于 20000Hz 的声波叫超声波，超声波有较强的机械能，其高频振动传递的能量可以起到清洁皮肤表层的作用。也有研究认为超声波可以促进皮肤吸收营养成分，对皮肤还有按摩作用。由于低能量的超声波对皮肤不会造成损伤，故使用超声波美容仪是可以的。但超声波美容仪器的效果究竟如何，尚需要更多研究的证据。

家用激光脱毛仪

美国 FDA 曾批准家用型小型激光脱毛器上市，其效果也被临床实验所证实，这算是美容医院专业激光脱毛仪的低能量版本。这类脱毛仪伤害很小，去毛效果没有那么惊人，但实验证实它可以让汗毛明显变细、变弱，需要反复使用较长时间才会看到效果。

光学生发头盔

关于它的有效性学术界还没有一个共识，基于原理考虑，它对没有完全萎缩的毛囊可能是有用的。通过头盔发射一定波长的光（不一定是激光），一方面可以抑制皮脂过多分泌；另一方面可以刺激毛根血液循环，使毛根获得更丰富的营养，促进毛发生长，与一些通过刺激头皮毛细血管达到育发作用的产品原理相似。

黄金按摩棒

黄金按摩棒的风靡始于台湾某综艺节目，黄金的力量被渲染得很玄，引无数人购买，但口碑不好——不好是自然的，并没有什么证据表明用黄金按摩皮肤会有什么好处。商家所宣传的美颜、瘦脸、紧致、排毒、淡化皱纹、消除眼袋和黑眼圈等功能，均不可信。当然，这个小棒棒可以振动，振动按摩对皮肤也不是没有任何作用，但是冠以黄金之名，无非是为了卖个好价钱。

拍拍乐

拍拍乐其实是一块带柄的用于轻轻拍打皮肤的小海绵。不能说轻轻拍打皮肤全无好处，实际上也可以用手指轻弹。用拍拍乐拍的面积大一点，但拍得太重会导致皮肤容易发红或使炎症加重，也会消耗更多的爽肤水。

丰胸按摩器

总的来说，按摩对丰胸是有一定效果的，一方面是刺激神经系统，另一方面可以促进血液循环而使胸部获得养分。不过，胸部发育主要依赖激素调节，先天因素非常大，所以按摩即使是有效的，也不太可能获得惊人的变化。如果按摩可以丰胸的话，就不会有那么多丰胸手术了。

负压吸黑头仪

这是一类利用真空抽吸产生负压使黑头受到周围组织的挤压而浮出皮表的仪器。经浸泡软化且接近皮表的黑头或白头是可以用仪器吸出来的；但是对顽固的黑头（尤其是呈硬颗粒状的），它却爱莫能助，若强力抽吸，则可能造成局部毛细血管扩张形成红色丘疹。由于黑头发生的原因至今未明，因此这也只是一个治标的方法。

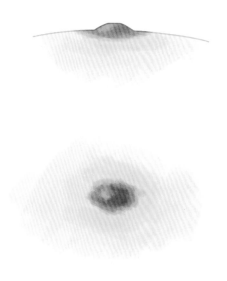

吸取黑头不成而致的红色丘疹

家用冷喷机

敏感性皮肤或者皮肤处于炎症、过敏状态的，或者情绪处于激动状态，或者环境太热时，皮肤表面温度会上升，直小血管开放以散热，导致面部发红、红血丝扩张，此时利用冷喷机来降温不失为一个好的选择。

皮脂的分泌会受温度影响，也许冷喷机的降温效应可一定程度上抑制皮脂分泌。

温眼贴

将极性材料（例如豆子等）封装于布袋中，以微波炉加热；或者将保温材料用电加热后，敷于眼周，可使人情绪安定，促进眼周血液循环，对缓解眼疲劳、血管型的黑眼圈有一定效果。

纳米雾化补水仪

这是一种小巧的补水仪器，利用超声波原理将水雾化，可以改善局部微环境的湿度和皮肤水分。可以把它视为一个便携式的加湿器，但效果不会那么神奇，应急使用还是可以的。但保湿的重点还是应当健全皮肤屏障，改善较大范围的环境湿度。

熊野笔

它的本质是一把齐头的小刷子，方便做局部清洁，原理与洗脸刷是一样的。它的刷毛很细，可以深入到皮纹底部、毛孔浅部等手指无法触及的地方，比起化妆棉和洗脸刷它更温和。想要精细清洁局部，不妨尝试。

N2000 美容仪

本质上来说，这是一个震动器＋加温器＋冷却器。它加上化妆棉洁面的功能，利用了震动产生的机械摩擦作用，其冷却作用有可能帮助减少皮脂分泌。这款美容仪对皮肤会有一定作用，但可能也谈不上是"神器"。

第五篇 05

内调养颜

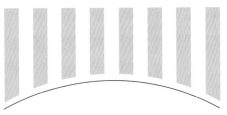

关于美容，你需要知道的营养学知识

　　人体需要的营养物质大致包括水、糖类、脂类、蛋白质、维生素、矿物质、纤维素几大类。

　　每一类营养物质对人体都是不可或缺的，但是过多对人体也有不利影响。这就是为什么营养学反复强调：食物多样化、饮食要均衡。然而现代社会，人类生活场景发生了重大变化，加上食品工业规模化，人们的饮食反而变得不太均衡了：越来越多的精制碳水化合物和油炸食品，随处可见的烘焙店，各种高糖饮料的广告轰炸，名字不同但实质相差不大的快餐连锁……食物的制作越来越精细，粗粮和蔬菜在饮食中占的比例越来越低，纤维素缺乏，导致肥胖人数越来越多，随之而来的是心血管疾病、糖尿病等疾病的发病率居高不下。

　　由于营养知识缺乏，很多人以为吃得越精细越好，沉醉于各种制作精美、色彩鲜艳、造型多姿的工业食品，没有意识到这种做法是在自毁健康。已有大量研究表明，高血糖指数和高脂肪的食物对皮肤有负面影响，尤其是对炎症性皮肤。大量摄入高糖（碳水化合物）食物会导致血糖过高，使皮肤自我修复能力减弱、伤口难以愈合，还会促进痤疮发展。

　　从整体来看，人们现在需要做的是减少高糖、高脂类食物的摄入，增加粗纤维、全谷物食物的比例。

　　要开始健康饮食，你需要先搞明白下面这些重要的概念。

人体所需的主要营养物质介绍

类别	作用	略解
水	生命基础	人体的 70% 由水构成，水是人体内各化学反应的溶剂，是营养成分的运输载体，也是构成人体内稳态的物质基础
糖类	能量基础	主要有单糖（如葡萄糖、果糖）、双糖（如蔗糖）、多糖（如淀粉、糖原）等类型，主要来源于水果、谷物、薯类。人体代谢所需要的热量主要由糖类供应。由于完全氧化后生成水和二氧化碳，故又称碳水化合物。过多摄入精制碳水化合物是现代社会的普遍问题，可导致糖尿病、心血管疾病、肥胖等
脂类	提供能量、构成组织	包括脂肪和类脂，是主要的能量储存形式，还有许多其他重要的生理功能。脂肪由甘油和脂肪酸组成，脂肪酸主要来源于动植物油脂，人体也可自身合成其中的一部分，不能合成的主要是一些必需脂肪酸。女性皮肤下有适量的脂肪，有助于保持皮肤柔软和弹性
蛋白质	生命之源	是生命的基础物质，肌肉、神经、皮肤、骨头、毛发、血液及各种膜都是它发挥作用的地方。蛋白质主要是由氨基酸构成的，理论上可以有无穷多种，主要来源于肉类和豆类食物
维生素	多种作用	在各种生命活动中都有极大的作用，但只需要非常少的量。与美容最相关的是维生素 A、维生素 B 族、维生素 C、维生素 E，来源于各种水果、谷物和动物性食品
矿物质	多种作用	包括铁、锌、铜、硒、钙、锰、镁等，对各种生命活动都有重要的作用，与美容最相关的有铁、锌、钙、铜等，它们来源于各种食物
纤维素	促进肠道蠕动，维持肠道生态平衡	以前被认为是废物，现已确认其为一种必需的营养素。纤维素体积大，吃下去能形成饱腹感，还能刺激肠道蠕动，促进排便，对维持消化道的健康有非常重要的作用；还可以促进肠道菌群的平衡，增加有益菌生长

精制碳水化合物食物

碳水化合物主要来自谷物，即麦、稻、黍（玉米）等主粮作物。这些粮食的种子有壳、有皮，还有与繁殖后代息息相关的胚芽。将去壳的种子直接磨碎，可得到全谷物粉。但全谷物粉因为有皮、糠，颜色不白，口感会有一点粗糙。

为了获得更好的感观和口感以及制作造型需要，人们加工种子时去除了皮、胚芽，制作成精米、精白面粉等原料。用它们再做成各种面点，包括精白米饭、精白面粉、面条、馒头、包子、馍、蛋糕、面包、点心等等，这些就是精制碳水化合物食物，也都是高血糖指数食物。

全谷物的皮、胚芽中富含大量的膳食纤维、矿物质、维生素，在精制时都被去除，留下的主要是淀粉和部分蛋白质，营养上是不均衡的。它们的主要成分都是淀粉（其实质是糖），根据阿特金斯博士的观点，过多摄入糖相当于摄入毒药。我认为一定程度上这句话是对的。

冰寒提醒》

冰寒建议减少精制碳水化合物的摄入，以全谷物食物替代之。

血糖指数

血糖指数简称 GI（glycemic index），是指食物进入人体后，促成血液中葡萄糖浓度上升的速率和程度。测定食物的血糖指数时，先确定一种标准食物（一般以葡萄糖为标准食物），规定它的血糖指数是 100，其他食物对血糖的影响与标准食物进行比较，得出其他食物的血糖指数。

肥胖、糖尿病、皮肤糖化衰老、痤疮等问题与高血糖指数的食物摄入过多有关。

并不是说一定不能吃高 GI 食物，或者高 GI 食物一定有害健康，关键在于度。当前的主要问题是高 GI 食物在日常饮食中比例太高，所以我们应当尽可能选择血糖指数适中的食物，而少摄取高 GI 食物。

冰寒提醒»

含糖量高的食物 GI 未必一定高，这与它的精制程度、易消化程度有关。比如粉条的 GI 较低，主要是因为粉条中的淀粉为交联淀粉，它的消化吸收速度会慢一点，但是淀粉本身的热量值很高。因此，若要控制糖分，既应考虑 GI，也要考虑食物的含糖总量。

常见的高 GI 食物

麦芽糖	105	馒头（富强粉）	88.1	大米饭	83.2
葡萄糖	100	糯米饭	87	桂格燕麦片	83
法国棍子面包	95	绵白糖	83.5	胶软糖	80
牛肉面	88.6				

常见的低 GI 食物

面条（全麦粉，细）	35	豆腐干	23.7	大豆	18
绿豆挂面	33.4	果糖	23	魔芋	17
炖鲜豆腐	31.9	冻豆腐	22.3	五香豆	16.9
绿豆	27.2	扁豆	18.5	花生	14
四季豆	27				

常见水果的 GI

西瓜	72	柑	43	香蕉	30
菠萝	66	葡萄	43	鲜桃	28
葡萄干	64	梨	36	柚子	25
杧果	55	苹果	36	李子（布林）	24
熟香蕉	52	干杏	31	樱桃	22
猕猴桃	52				

清淡饮食

你认为什么样的饮食才算清淡呢？冰寒曾在微博上做了一个小调查，大部分人都认为不辣、不油腻、无荤腥就叫作清淡饮食，至于主食和甜点，很少有人考虑。

我建议的清淡饮食标准是：少摄入高脂肪类、精制碳水化合物类食物，多吃蔬菜和中低 GI 的水果，补充膳食纤维。味道有点辣、有点咸，并不是主要矛盾，主要问题在于热量（卡路里）。此外，肉、蛋类可以适量吃，但摄入大量的动物性食品，包括各种肉类、牛奶及奶制品，饮食都不能称为清淡。

必需脂肪酸

必需脂肪酸（EFA, essential fatty acid）是人体不能自行合成、必须从食物中摄取的脂肪酸。人体的 EFA 有亚油酸和 α-亚麻酸两种，其他脂肪酸均可以这两种为原料合成。

EFA 对人体健康、发育有重大意义，对皮肤而言，它可以减轻炎症、促进皮肤屏障功能；湿疹、特应性皮炎、痤疮都可能与缺乏 EFA 有关。EFA 还有抗氧化特性，对心血管问题、衰老均有改善作用。

EFA 在亚麻籽油、红花籽油、芝麻油、核桃油、紫苏油、海鱼油等中含量丰富，日常可选择这些来源加以补充。

氨基酸和肽

简单地说，蛋白质是由氨基酸构成的。一个个的氨基酸连接起来形成肽，再折叠形成具有特定的功能的特定空间结构就是蛋白质。目前认为自然界中存在的天然氨基酸有 20 种，其中有 7~8 种是人体不能合成而必须从外界摄入的，称作必需氨基酸（EAA, essential amino acid)，还有数种在人体衰老、疾病等情况下自身合成数量不够而需要补充的，叫作条件必需氨基酸，例如脯氨酸、精氨酸、谷氨酰胺。

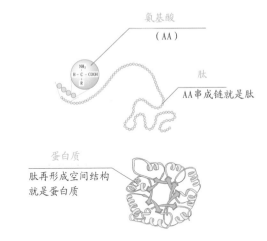

蛋白质可以以肽和氨基酸的方式吸收，某些蛋白质也可以被直接吸收，穿透肠黏膜而保持固有结构和功能。

考虑蛋白质的营养价值，主要看它的各种氨基酸含量是否符合人体需要的最佳比例，鸡蛋、大豆、鱼类都是极好的蛋白质来源。

氨基酸理论上可以组成无数种的肽和蛋白质。一些有活性的肽，涂抹于皮肤表面或者经由肠道吸收到达皮肤后，可以促进真皮胶原蛋白和透明质酸合成，因而可以改善皮肤水润度及弹性，减轻皱纹等。

微量元素

所谓微量元素是指人体必需，但只需极少量的无机元素。世界卫生组织公布的人体必需微量元素有 14 种，即铁、碘、锌、锰、钴、铜、钼、硒、铬，镍、锡、硅、氟和钒。有一些微量元素的作用已经明确，但还有一些不够清楚。

与美容关系比较密切，而又较易缺乏的微量元素是铁（月经失血）、锌（饮食缺乏）、硒（中国贫硒）。

铁是血红素的组成部分，缺铁容易导致贫血、精神萎靡、面色苍白。鸡肉、猪肝、牛肉、动物血、黑木耳、银耳、虾、海带等食品是获取铁的良好来源。中国人有使用铁锅的传统，也是获取铁的途径之一。

锌缺乏与炎症相关，有研究认为痤疮、粉刺可能与缺锌有关，儿童缺锌会导致智力发育迟缓、抵抗力弱。海鲜类、动物肝脏、鱼类、奶类、蛋类、全麦食物、核桃、瓜子等是获取锌的良好来源。

硒的外号叫抗衰老元素，是人体抗氧化网络核心成分——谷胱甘肽（GSH）的过氧化酶（GSH- peroxidase）的核心组成元素。硒除抗衰老外，还有抗癌作用。中国是贫硒国，陕西安康、江西宜春、湖北恩施是目前已知的少数几个富硒地带。从富硒地带的食物中摄取硒是理想的补硒渠道。

冰寒提醒》

健康饮食的基本原则：

要保持均衡的营养，应当使食物来源多样化，不偏食，多摄入果蔬，若有疾病或营养素缺乏，应考虑使用营养补充剂。

各种营养成分都有它们不可替代的作用，但也不是越多越好。补充营养时，应当适度，足够所需就好，无须过量。

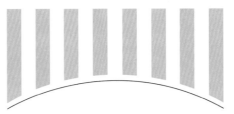

维生素家族的
"美肤四宝"

维生素是维持生命活动非常重要的一类物质，需求量极小，但作用很大。人体能自行合成的维生素只有少部分，大部分都需要从食物中摄取。

与美容护肤关系密切的主要是维生素 A、维生素 B 族、维生素 C、维生素 E，它们被称为维生素"美肤四宝"。

小链接

脂溶性维生素和水溶性维生素

根据维生素是否溶于水或油脂，将其分为水溶性和脂溶性维生素。前者摄入后会很快被排出，不易产生蓄积性中毒，所以安全剂量范围很宽，维生素 B 族、维生素 C 等是水溶性维生素。

脂溶性维生素则代谢较慢，摄入后排出也慢，若长期大量摄入，超过一定量就会有毒害作用，称为蓄积性中毒。因此对补充剂量要谨慎把握。维生素 A、维生素 D、维生素 E、维生素 K 属于脂溶性维生素。

维生素 A

维生素 A（VA，vitamin A）又叫视黄醇，主要与视觉和上皮发育有关。缺乏维生素 A 可导致夜盲症、干眼症，皮肤和黏膜发育不全，皮肤干燥、不能正常角化而脱屑、缺水，易发生粉刺，皮脂分泌旺盛。

维生素 A 的主要来源是动物肝脏。由于维生素 A 可由类胡萝卜素（包括胡萝卜素、玉米黄素、番茄红素等）转化得来，故补充类胡萝卜素也可补充维生素 A，且更安全。

在化妆品中添加维生素 A 或其衍生物（视黄醇棕榈酸酯、棕榈酸视黄醛），可促进真皮胶原蛋白合成、改善光老化、减轻皮肤油腻感和过度角化。毛周角化症、粉刺性肌肤一般均建议补充维生素 A。

正常人每天需要约 5000IU（国际单位），过量补充会导致蓄积中毒。

小儿一次摄入量超过 30 万 IU，成人一次用量超过 50 万 IU 将引起头晕、腹泻、嗜睡，每日 10 万 IU 连续用 6 个月，将出现关节痛、肿胀、无力、月经过多、头发干枯等。孕妇缺乏或过量补充维生素 A 都会使胎儿畸形率上升。

维生素 B 族

维生素 B（VB，vitamin B）是一个族，按发现顺序命名有维生素 B_1（硫胺素）、维生素 B_2（核黄素）、维生素 B_3（烟酰胺）、维生素 B_5（泛醇）、维生素 B_6（吡哆醇）、维生素 B_{12}（钴胺素）。

与美容关系最密切的是维生素 B_3、维生素 B_5 和维生素 B_6。

全谷物食物或动物性食品摄取不足、熬夜等，很容易造成维生素 B 族缺乏。维生素 B 族均为水溶性维生素，补充快消耗也快，安全剂量范围较大，一般不需要担心补充的副作用。

相关调查表明，中国成年居民钙、锌、硒、镁、维生素 B_1 和维生素 B_2 摄入不足比例均较高，其中钙摄入不足的比例超过 95%，维生素 B_1 和维生素 B_2 摄入不足的比例均达到了 80% 以上 [17]，因此日常饮食中应当特别予以关注。

维生素 B 族介绍

名称	与皮肤有关的作用	来源与说明	基础需求量
维生素 B_1（硫胺素）	维持神经、胃肠功能。缺乏可导致脚气病（表现之一是多发性神经炎），脂溢性皮炎、水肿也与其缺乏维生素 B_1 有关	粗粮杂粮、豆类、猪瘦肉、发酵食品含量较高；鱼类、水果、蔬菜含量较少。易被碱破坏	1.3mg/d
维生素 B_2（核黄素）	代谢的重要辅酶，具有抗氧化活性。缺乏可致口角炎、脂溢性皮炎及畏光、视物模糊等眼部症状	蛋黄、动物心肝肾、奶、大豆。易被光破坏	1.4mg/d
维生素 B_3（烟酰胺）	抗皮炎，舒张血管，增加皮肤水分，改善皮肤屏障功能和光老化，抑制皮脂分泌，阻止黑色素运输，还可抗糖化、减少皮肤发黄。缺乏会致癞皮病、易被晒伤	动物内脏、鱼类、坚果	14mg/d
维生素 B_5（泛醇）	是辅酶 A 的组成部分，缺乏可致皮肤、毛发、神经、消化器官障碍，外用亦有保湿作用	食物中广泛存在，一般不会缺乏	
维生素 B_6（吡哆醇）	促进脂肪代谢，抑制皮脂分泌，对脂溢性皮炎、扁平疣、痤疮等有辅助改善作用。维生素 B_6 能促进血清素等大脑神经递质的合成，而血清素可有效缓解过敏症状	豆类、蛋、果蔬、动物内脏	1.2mg/d
维生素 B_{12}（钴胺素）	促进铁的吸收，缺乏会致贫血，因此和肤色、生长发育密切相关	动物内脏、水产类	2.4mg/d

维生素 C

维生素 C（VC，vitamin C）被称为"青春维生素"，又名L-抗坏血酸（L-asorbic acid），是一种具有强大抗氧化能力的水溶性维生素，日基础需要量为60mg，但一般日摄入量低于10000mg均安全。为了美白、抗衰老需要，日补充量可在200mg~400mg。

维生素 C 广泛存在于水果、蔬菜中。针叶樱桃、刺梨、卡姆果是维生素 C 含量最高的水果，常见果蔬中，鲜枣、猕猴桃、青椒、沙棘、芥菜、苦瓜、茼蒿、山楂、花菜中维生素 C 含量均相当高。柑橘类也是维生素 C 的良好来源。柠檬被很多人认为是高维生素 C 水果，其实其维生素 C 含量不算高，仅22mg/100g，是沙棘的1/8，其酸味主要来源于柠檬酸而不是维生素 C。

维生素 C 的美肤作用包括：抗氧化、抗衰老；抑制黑色素合成，美白皮肤；促进胶原蛋白合成，对骨的强健、皮肤弹性与水分的保持、血管的正常和健全至关重要。

虽然维生素 C 的安全剂量范围相当大，也不推荐长时间过量补充，否则，停止补充时，机体一时无法适应，可发生类似坏血病的症状（典型表现为皮下、黏膜等部位容易出血、紫癜）。

维生素 C 非常不稳定，容易氧化失效，或者被光、热破坏，烹饪、晒干后的蔬菜，维生素 C 绝大部分会被破坏掉，因此即使新鲜蔬菜中有足够的维生素 C，考虑到烹饪后的损失，仍然有必要通过其他途径补充。

由于维生素 C 的光稳定性差，慢慢被讹传成"吃了维生素 C 不能见光，否则就变黑了"，意思完全变了。日光照射会加速皮肤中维生素 C 的消耗，涂抹在皮肤表面的维生素 C 会失效，相当于维生素 C 牺牲了自己保护了人类。但在日光下使用维生素 C 没有任何问题，无论是吃还是抹。

冰寒提醒 »

维生素 C 的补充技巧如下：

· 少量多次，不要一下吃很多，因为单次吃的量越大，吸收率越低，每次 60mg 以下吸收率可接近 100%。所以市面上的大剂量的维生素 C 泡腾片并不是最好的选择。

· 跟碱性的东西、钙等矿物质一起吃会导致维生素 C 被破坏，故应避免。

· 和维生素 E 一起吃，会增强效果。

维生素 E

维生素 E（VE，vitamin E）又称生育酚（tocopherol），外号"抗衰老维生素"。维生素 E 有助于维持皮肤弹性，延缓衰老，抗氧化，对生殖功能有重要作用，缺乏易致流产。每日最少应摄入 14mg。

在天然情况下，维生素 E 是皮肤表面唯一的抗氧化剂，这是因为皮肤越靠近表层含水量越低，皮肤屏障是亲脂性的，因此水溶性维生素难以到达表层。皮肤中的维生素 E 可以减少紫外线造成的自由基，减轻紫外线损伤，缓解炎症。随着衰老，皮肤中维生素 E 的含量会逐步下降。补充维生素 E 对抗衰老有重要的意义。

维生素 E 主要来源于植物油脂，例如胡麻油、芝麻油、核桃油、豆油、菜籽油、玉米油、小麦胚芽油等，其主要存在于植物种子的胚芽部位，因此杂粮、全谷物食品、坚果能提供比精制碳水化合物更多的维生素 E。动物性食品中，蛋黄能提供一定量的维生素 E，其他的则较少。

维生素 E 在水果、蔬菜中含量较低，易受高温破坏，接触氧即会逐步失效，因此维生素 E 制剂一般做成胶丸。

维生素 E 有数种天然构型，目前主要依靠天然提取。人工仅能合成其中的一种构型，且抗氧化效能低，主要做工业用途。

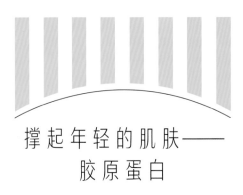

撑起年轻的肌肤——
胶原蛋白

胶原蛋白（collagen）是身体的主要结构蛋白之一，是构成真皮及基底层、骨、内脏、血管、肌腱等的骨架，占全身所有蛋白质的 30% 左右。

真皮层胶原蛋白可被多种因素破坏：基质金属蛋白酶（MMP）可使其降解，自由基可使之变性，日光中的紫外线也能够让胶原蛋白变性，糖化反应（美拉德反应）可以让糖类和胶原蛋白反应形成糖基化产物，使胶原蛋白颜色发黄并失去弹性。

衰老皮肤中的胶原蛋白纤维明显比年轻皮肤中的细弱，而且纹路紊乱（降解后失去正常纹理）。研究发现真皮中胶原蛋白的含量会随着年龄下降，在 40 岁以上和更年期妇女腹部皮肤中显著下降。

真皮的胶原蛋白合成不足，或者被破坏过多，将会使皮肤弹性减弱，引发皱纹、缺水、光泽黯淡等多种衰老症状，因此保护和补充真皮中的胶原蛋白对于美容护肤有重要意义。补充维生素 C 等抗氧化剂、减少糖类食品的摄入、抑制 MMP 活性、避免紫外线，都有助于保护皮肤中的胶原蛋白免受损失，或者促进胶原蛋白的合成。

那么口服胶原蛋白或者胶原蛋白肽、胶原蛋白水解产物能不能被吸收，又能否真的增加皮肤中胶原蛋白的含量、改善肌肤呢？

这个问题存在很大争议。反对方主要依据的是数十年前 Dogman 等提出的经典观点，认为蛋白质在肠道中只有被分解为游离氨基酸（FAA，free amino acids）才能被吸收，这一观点在教科书中存在了数十年，被认为绝对正确。于是部分人士认为吃下去胶原蛋白反正最终会被分解为游离氨基酸，所以和吃其他蛋白质并没有什么区别，单独吃胶原蛋白简直就是愚蠢可笑的行为。

但是后来的研究陆续发现 Dogman 的学说不完全正确。不少学者发现蛋白质可以以肽的方式被吸收，吸收不仅比 FAA 迅速，而且还有吸收率高的优势，一些大分子的蛋白质也可以直接被吸收，保持原有结构和功能。肽不仅是合成蛋白质的原料，也是重要的生理活性调节物，它可以直接作为神经递质或通过趋化性而发挥生理作用。

教科书并没有随着研究进展而及时更新，上述新的发现并没有被非专业领域的公众广泛熟知。近年来不断有口服胶原蛋白的研究新进展，从消化吸收、体外试验、动物试验、分子水平、组织水平到人的临床观察水平乃至随机对照试验（RCT），均证实口服胶原蛋白或 / 及水解产物（胶原蛋白肽）可以改善皮肤。

其实，即使 Dogman 的理论是对的，也不影响口服胶原蛋白可以帮助补充体内胶原蛋白的合理性。

胶原蛋白主要由体内成纤维细胞合成，需要相应的氨基酸作为合成原料，否则就是巧妇难为无米之炊。但这不表示任意氨基酸都可以合成胶原蛋白。

合成特定的蛋白质，需要有特定的氨基酸配比，换言之：只有在配比合适的情况下，人体才能更多地合成特定的蛋白质。用做蛋糕来举例：如果想做戚风海绵蛋糕，则蛋和面粉的配比应该控制在 2：1 左右；如果你的配比是 1：1，那成品应该会接近马芬。

合成胶原蛋白需要大量的甘氨酸、脯氨酸、羟脯氨酸，还包括赖氨酸等，它们之间有固定的比例：甘氨酸占 25% 左右，脯氨酸、羟脯氨酸占 25% 左右，这种比例是其他蛋白质所没有的。

口服的胶原蛋白水解产物，其氨基酸构成比例、种类与人体中的胶原蛋白比例具有高度相似性，所以首先可以肯定的是：吃胶原蛋白能够为体内合成胶原蛋白提供最优的物质基础（即合适比例、种类的氨基酸）。

脯氨酸是条件必需氨基酸，在一些情况下（例如衰老、疾病），人体也必须从外界摄入。当体内缺乏合成某种蛋白质所需的一种或几种氨基酸时，它们就变成合成这种蛋白质的"限制性氨基酸"，合成无法进行。

如果我们以其他蛋白质为原料来合成胶原蛋白，脯氨酸、甘氨酸的直接供应量肯定是不足的，很容易成为合成胶原蛋白的限制性氨基酸。当然，脯氨酸、甘氨酸、羟脯氨酸也可以由其他必需氨基酸转化而来，但这个过程会耗费能量，过程也更长，对生命体来说，是不合算的。因为生命体总是用最低的能耗最高效地完成任务。

鸡蛋是公认的优质蛋白源，能提供全种类的氨基酸，但它的脯氨酸含量是较低的。我做过推算：若体内每天合成 10 克胶原蛋白，所有的直接原料均来自鸡蛋，那么要获得足够多的脯氨酸，需要吃 19 只鸡蛋（约重 1 千克），但如果吃胶原蛋白，则只需要 10 克就够了。由上可见，口服胶原蛋白看起来是补充体内胶原蛋白效率最高的选择。

1. 痘痘肌可以吃胶原蛋白吗?

胶原蛋白中含有较多的亮氨酸，而有研究发现高亮氨酸食物可能会促进炎症发展，故不建议服用，但外用无妨。

2. 有人说吃胶原蛋白有用是因为它有激素?

这属于臆测，提出这种说法的人也从未拿出过有效证据。2013 年 CFDA 曾就此专门澄清，检查中从未发现过胶原蛋白产品中添加激素。某些复合配方的胶原蛋白饮料中有添加大豆中提取的黄酮类物质，具有类雌激素作用，可促进胶原蛋白合成，但这些成分也是合法的，它并不是雌激素。这类胶原蛋白产品更适合熟龄女性，可根据自身情况选择。

3. 可以通过吃银耳来补充胶原蛋白吗?

胶原蛋白只在动物中存在，银耳中的是黏多糖，并不是胶原蛋白。不过，银耳也不失为一种美味、健康、有益的食品。

4. 有一种硅饮料，据说可以提升皮肤胶原蛋白含量,是真的吗?

有初步研究证实口服补充硅可以提升皮肤水分，原因在于硅元素也是人体需要的微量元素，且与胶原蛋白合成有关。相关机制尚不十分明确。

5. 多大年龄的人可以开始补胶原蛋白?

一般来说 20 多岁就可以注意补充。但补充的途径未必是吃胶原蛋白粉、喝胶原蛋白饮料，完全可以从动物皮、骨类食物中获取。

6. 胶原蛋白有没有什么副作用？

胶原蛋白被美国 FDA 列入 GRAS，即"普遍认为安全"，亦被中国 FDA 列为"普通食品原料"，具体来说就是：无特定的食用人群限制，对食用量一般不规定，无须进行产品品种审批，与大米、小麦等日常食物属相同的安全等级。但是单独的普通食品不得标示保健功能，如果与其他物质混合制成复合物并要宣称保健功能，需要经过审批。含有胶原蛋白的保健食品被中国 FDA 认可的保健功能包括：改善皮肤水分含量、增加骨密度、增强免疫力。

因此，胶原蛋白类食物是普遍安全的（有人将此曲解为"普通的食品原料，不具有功能"，这是错误的）。

7. 有乳房小叶增生能不能吃胶原蛋白？

目前缺乏相关的研究，可以确定胶原蛋白不会导致小叶增生。不过有很多小叶增生患者反馈说吃了胶原蛋白后加重，这可能是因为小叶增生过程中成纤维细胞活跃，而吃胶原蛋白会使其更为活跃。因此，有潜在小叶增生的人群，建议避免特意补充胶原蛋白。

8. 吃胶原蛋白会不会变胖？

不会。胶原蛋白并不是能量物质，每天服用5克或者10克，热量十分有限，并不会使人变胖。就我遇到的一些情况，感觉变胖是因为补充胶原蛋白后皮肤会变得饱满紧致，弹性增加，水分增多，凹陷部位提升，脸会看起来圆一点，好像变胖了，实际上并不是脂肪增多了。

吃猪蹄来补充胶原蛋白，则要注意撇去浮油，油吃多了，是真的会变胖。

抗氧化食物好处多多

我们已经了解，抗氧化是抗衰老的重要策略之一。在我们的食物中含有各种各样抗氧化的营养物质，日常注意摄取这类食物，好处不少。

维生素类

维生素 A、维生素 E、维生素 C 都具有很强的抗氧化作用，维生素 E、维生素 C 是抗氧化的主力。主要来源请参见本书中维生素相关篇章。

色素类

色素类具有强大的抗氧化作用，主要有原花青素 (OPC)、花色苷、虾青素、类胡萝卜素等。原花青素、花色苷存在于紫甘蓝、葡萄、紫薯、黑皮花生、黑布林、蓝莓、黑芝麻、黑豆、越橘、桑葚、紫茄子等深色食物中；虾青素主要存在于虾壳和雨生红球藻中，但虾壳不能直接食用，多作为提取原料；还有类胡萝卜素，包括各种胡萝卜素、叶黄素、番茄红素等。除了抗氧化之外，类胡萝卜素还号称"可吃的防晒霜"，可减少紫外线晒伤；部分类胡萝卜素可在体内转化为维生素 A，故对视力有很好保护作用。

多酚类

例如单宁、白黎芦醇、绿茶提取物等，原花青素也属于多酚类。这类物质抗氧化能力超过维生素 C、E 数十倍，也易于从食物中获得。白黎芦醇主要存在于葡萄籽、皮，花生皮，中药虎杖中；单宁在很多涩味的食物中出现，例如青柿子、葡萄籽。单宁会使蛋白质变性，也会阻止微量元素的吸收，故一般不作为主要的抗氧化食物。葡萄酒中含有较多的单宁。

香料和含硫食物

许多香料，如肉桂、茴香、蒜、花椒等都含有大量的抗氧化成分；萝卜、蒜、洋葱等则含有硫，硫是谷胱甘肽的必需成分，日常食物中应当注意摄取含硫食物。

胶原蛋白肽

研究发现胶原蛋白肽也具有抗氧化活性。

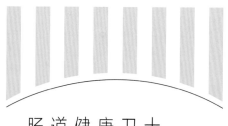

肠道健康卫士——
益生元食物

肠道以及身体要保持健康，肠道菌群平衡至关重要。益生菌缺乏，会导致一些有害菌过度繁殖、分泌毒素，造成肥胖、糖尿病等系统性疾病。

益生元（probiotics）是指能促进肠道有益微生物生长的食物，例如菊芋（洋姜）、山药、莴苣、竹笋、苦瓜、地灵、麸糠和欧车前等（粘多糖类可能也是）。提纯的益生元成分有低聚半乳糖、水苏糖、菊粉、低聚果糖等。补充益生元有助于减肥，促进肠道通畅，减轻全身慢性炎症，改善糖尿病等。有研究表明，在产前和产后使用益生元，可显著减少婴儿特应性敏感，降低过敏的标志性球蛋白 IgE 的总量[18]。

高糖、高脂肪、油炸和动物类食品通常都不是益生元食物。

除了益生元，市面上还常见益生菌制剂，如双歧杆菌、乳酸杆菌等，酸奶中也常见这类益生菌。补充益生菌是促进肠道菌群平衡的方法之一。在我看来，调节饮食，补充益生元食物，多食膳食纤维丰富的食物，让肠道环境有利于益生菌自然生长更为重要。如果没有好的环境，益生菌也无法大量定植于肠道中。

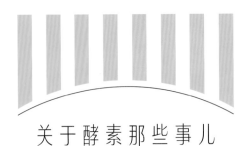

关于酵素那些事儿

酵素的本质是什么？

酵素这个名字其实由来已久，英文名是"enzyme"，旧译法是酵素，目前在台湾仍然沿用，而在大陆，它的正式名字是"酶"。

酶是一类具有催作用或可抑制特定化学反应的物质，这是一个极大的家族，作用机制十分复杂，其化学本质主要是蛋白质（近年也发现有非蛋白质的，如核酶），它们是有活性的。

举个形象的例子：你开车上一个街沿，车底盘比较低，上去要颇费一番力气。有个好心人垫了一块三角形的斜面，于是你瞬间开上去，既快又稳。

假如把开车上街沿这一行为视作一个化学反应，这块三角形的斜面就是酶。人作为一个生物体，其本质是由化学元素构成的，人的生命必须依赖体内时刻发生的成千上万种化学反应来维持，而基本上所有的生物化学反应都依赖特定的酶来调控。

· 酶不是一种物质，而是一类物质，参与人体生命活动的酶有成千上万种。

· 每一种酶都有特定的作用，这叫作酶的功能特异性，根据其作用，可将酶再分为六大类：合成酶、转移酶、异构酶、水解酶、裂解酶、氧化还原酶。比如：水解胶原蛋白的酶，无法促成胶原蛋白的合成。

· 酶的作用对象是特定的，比如：负责处理糖类的酶，不能处理蛋白质。

· 酶的作用条件和场所是特定的，比如：在胃里面作用的胃蛋白酶，不会在血液里作用；在一定温度下，酶有活性，温度升高到某个区间，它就会失活甚至死亡变性。

酵素产品有效吗？

市场上所称的"酵素"其实并不一定是酶，而是一个商业化的概念，是将科学概念借用了。这类产品一般来说包括如下成分：

· 各种植物提取物。

· 发酵类的细菌（比如乳酸杆菌、嗜热链球菌，做酸奶会用到这些菌）

· 各种微量元素。

· 一些膳食纤维和益生元（可促进肠道有益菌的生长，有通便、减轻炎症和减肥等效果）。

· 某些促进消化的酶类，如菠萝蛋白酶、木瓜蛋白酶。

其实，很少有酶类是通过内服来发挥作用的，有限的资料是一些止血酶可内服用于止消化道出血；蛋白水解酶类可用于促进消化。不过这些都是用于相关病人，健康人并不需要。

有网友跟我提到了"自制酵素"的方法：在密封罐内放一层水果再放一层糖，压紧封口，放两周即成。这叫发酵，不是酵素——虽然发酵也有个"酵"字，在发酵过程中也会有酵素参与，但是：这样制作出来的东西不是"酵素（酶）"，叫糖腌水果比较准确。

发酵的基本过程通常是将碳水化合物（糖类）转变成酸（通常是乳酸、乙酸）、二氧化碳或者是酒精。当然，有些发酵食品是有好处的，虽然它们和酵素完全是两码事。

看到声称为酵素的产品，不必去问这个"酵素"有没有作用，应当先了解它的配料成分，这样才能知道它到底有哪方面的作用、是否适合你、是否值得购买。

我个人认为"酵素"作为商品名称是不合适的，首先这不是一个规范的用语，其次它并不能准确地描述产品的实质。

外用酶用于美容，最常见的是蛋白酶类，用于去角质，达到柔嫩肌肤、美白的效果（如菠萝蛋白酶）；超氧化物歧化酶（SOD）也有一些应用，如抗氧化。而其他的酶，由于稳定性、成本、配方等原因，应用得并不多。有一些酵母提取物，成分相当复杂，并不是单一的成分，它们也不是酵素（酶），而是发酵产物。

本篇只是简要地分享了一些关于美容和健康饮食的基础知识。如果在这一方面希望有更多深入的了解，冰寒特别推荐阅读《抗衰老计划——阿特金斯医生的建议》这本书，它引用了大量研究文献，对利用饮食抗衰老、促进健康进行了更加系统和深入的论述。

第六篇
破解美容谣言

美容护肤界长期以来流传着许多不靠谱的说法，误导了许多人，花钱事小，伤肤事大。

为什么产生这些谣言呢？一方面，是因为长期以来公众缺乏基本的美容皮肤科学知识，生物、生理卫生、物理、化学这些与日常生活息息相关的课程，在学校里多是不受重视的"副课"，形成谣言生存的土壤。另一方面，有些谣言是蓄意编造、传播的。要么是为了博得关注，要么是为了商业目的。例如某些品牌"发明"了一些现场测试的方法，来识别重金属、矿物油之类，完全是为了打击其他品牌以销售自己的产品。

本篇列出并解释最常见的美容谣言，让你当个护肤明白人。

那些不靠谱的美容方法

【不化妆也应当每天使用卸妆油】

不需要。清洁的原则是充分且适度。卸妆油属于强力清洁产品，过度使用会导致皮肤损伤。皮肤并不是清洁得越厉害越好。

【某些大牌明星皮肤好是因为天天早晚各敷一片面膜？】

演艺明星皮肤看起来好，很大一部分原因在于妆容无懈可击，而且最终呈现出来的照片有过后期处理。以明星每天化妆、卸妆的强度，天天敷面膜，而且敷两片，对皮肤的伤害是非常大的。

【仙人球能防辐射】

完全用导电的盖子把人罩住，才可以隔绝电磁波，否则只要有一个微小的缝隙，电磁波都会衍射进入，仙人球完全不具备这种能力和条件。放在桌上的仙人球甚至连补水的价值都没有，我想它更招人喜爱的原因是：不需要经常浇水。

【精油能隆鼻】

这违背了生理学常识，万万不能相信。

那些不靠谱的护肤品"秘籍"

【皮肤干不能用美白产品】

这么说的理由或许是认为美白产品都含果酸。其实美白产品有很多，不是每个都含果酸，果酸美白早已不那么流行了，因为有太多比果酸更强效的美白成分了，而且不会损伤角质层，比如维生素 C、甘草提取物、维生素 B_3 等等，购买时只要认准成分就可以了。

【千万不要使用任何含酒精的护肤品】

干性和敏感性肤质不宜使用高酒精含量的产品。酒精有收敛、杀菌的作用，一些类似酊剂的产品会直接用酒精浸出和防腐，所以不应一概否定。另外，常用的某些醇类润肤成分也有类似酒精的气味，但并非酒精。低含量的酒精也常被用作溶剂，以溶解某些不溶于水或油的有效成分。

【精华成分的分子更小，渗透力更好，可以将产品内的含水分子引入皮肤】

精华的作用和分子大小没有关系。真正的精华，有效成分浓度比较高，有的添加了特殊成分，为了保证成分稳定性要采用更稳定和简洁的配方、较小的包装，并且针对不同皮肤问题而设计，这才是其价值所在。

【碱性洁面乳不能用】

碱性洁面乳的成分中通常使用皂基表面活性剂，对油脂有更强的清洁力，所以适合需要特别清洁时使用。用后及时用酸性爽肤水调理肌肤至弱酸性状态即可。

【爽肤水主要作用是对皮肤的二次清洁】

爽肤水的主要作用是调节皮肤 pH 至微酸状态并且补水。在欧洲没有建立现代的制水、供水系统的时候，用硬水洗完脸后会出现碱残留，需要用爽肤水去除之，但现在已经没有这种必要了。

所以刻意使用化妆棉＋化妆水做"二次清洁"，本是不得已而为之，对不适用的人来说是画蛇添足。"所有人都必须用化妆水做二次清洁""化妆水最重要的功能是二次清洁"等说法，属于误导。肌肤本身就脆弱、有过度护肤倾向的人使用化妆棉＋化妆水频繁做所谓的二次清洁，将对皮肤造成伤害。

【爽肤水一定要用化妆棉才会有效】

爽肤水只要用手涂就可以了，用化妆棉来涂并不能改变它的性质或效用，用手一样可以把化妆水涂匀，用化妆棉涂爽肤水并不能促进爽肤水的吸收。吸收程度只取决于皮肤和爽肤水本身。当然，这么做商家是喜欢的，因为可以使爽肤水消耗速度成倍增加。

干性、敏感性、有炎症的皮肤使用爽肤水或者当爽肤水中含有软化角质的成分时，连续、用力地用化妆棉来涂擦化妆水，具有去角质作用，由于角质层变薄，外来物质可以更快速地穿越皮肤屏障，会加大对皮肤的刺激速度和程度。

用手涂化妆水到脸上，会造成面部二次污染的说法纯属编造。因为不仅手上有细菌，化妆棉上细菌数量也不少。

如果只是轻轻地粘、敷，因为没有摩擦，就不会对皮肤造成伤害。

手比化妆棉温柔，但化妆棉的多孔性、吸附性是手不能比的。因此，按摩用手，但深层清洁、卸妆、吸水是需要用化妆棉的。

【使用产品刺痛是因为皮肤缺水】

使用普通护肤品、敷面膜都刺痛，是因为皮肤脆弱、屏障受损。一方面，表皮就好像一堵墙，保护着真皮，当它破损时，刺激物很容易穿入表皮而刺激到痛觉感受器，从而产生痛感。另一方面，如果产品的刺激性较高，渗透性太强（尤其是高酒精含量的产品、果酸类产品），正常皮肤也会有这种情况，如何判断呢？这种产品你用了刺痛而别人没有，一般就是你的皮肤屏障被损伤了。

当然，屏障受损也会导致皮肤缺水，但缺水是一个结果，而不是原因。这种情况一味补水是没有用的，必须避免刺激、去角质、摩擦、卸妆等各种有损皮肤的行为，注重保湿和修复，屏障才能逐步恢复正常。

【使用产品后脸上起疹子是排毒，过后就好了】

外用产品排毒的说法常常被当作遮羞布以掩盖使用某些产品导致的接触性皮炎（刺激或者过敏）。若使用产品后皮肤起疹子、发红、痒等情况立即出现并且过一会儿就消失，多为一过性刺激；如果是隔数小时至数十小时后出现，则多为过敏，这两种情况都应当停用相关的产品。

有三种情况是例外的：

1. 某些药物涂上去后有已知的副反应，例如大部分人使用他克莫司、维A酸，初期都会有皮肤痒、刺痛的情况，若无法忍受，也应当停用。

2. 激素依赖性皮炎患者，使用不含激素的产品后，皮肤状态会迅速变差，干燥、脱屑、紧绷、刺痛等均有可能发生。这并不是因为不含激素的产品不好，而是因为前面长期使用激素，导致了激素依赖。

3. 正常的免疫反应：在真菌性毛囊炎、毛囊虫丘疹上常见。使用了杀灭真菌、毛囊虫的药物/产品后，可能会短时间里大量爆脓疱（爆痘），但它的趋势是：脓疱爆出来后很快就会消失，有消有长，最终趋于减少，这不是过敏，而因为真菌或毛囊虫被杀灭后，身体免疫系统要对"战场"进行清理造成的。使用这类产品前，拍摄清晰的照片以做使用前后对比，对于鉴别过敏还是正常免疫反应作用重大。

那些不靠谱的鉴别方法

【把洗面奶放入勺内，用火烧，如果溅油，就不是好的洗面奶，如果越烧越像牛奶一样，说明是好的洗面奶】

加热这种方法叫作破乳作用。如果是滋润型的洁面乳，里面加有适量的脂类，是容易破乳而出现油水分离的，这和配方体系与产品特点有关，与质量好坏无关。

【摇动瓶身后泡泡很少，说明营养成分少，泡泡细腻丰富，有厚厚的一层，而且经久不消，那就是好的（润肤）水】

水溶性良好的有效成分，如维生素 C、维生素 B₃等，即使在水中的浓度相当高，也不会有什么泡泡；没有什么有效成分的水，只要加入适量的增稠剂、表面活性剂，就可以起很多泡泡。所以，以泡泡论营养成分的多少不可靠。

【泡泡多而大，说明含有水杨酸】

如上条所述，只要加入足够的增稠剂、表面活性剂，就可以起很多泡泡，只要黏度够高，泡泡就可以很大。所以用它来判断产品中是否有水杨酸是徒劳的。而且，水杨酸是允许加入化妆品的成分，也会写在成分表上，并不需要这样去费力鉴别。

【泡泡很多很细，而且很快就消失了，说明含酒精】

醇类的确有消泡作用，但是黏度低的液体泡泡本身也很容易消失。要判断酒精的含量很简单，只要在成分表上看它的顺序就可以了。而且如果酒精含量很高的话，用鼻子也能闻到明显的酒味儿。

【如果爽肤水的瓶子是不透明的，绝对不要买，因为无法鉴别】

加入了维生素 C 或其他一些容易被光照破坏的物质，需要用不透明的瓶子以避光，所以这种说法不正确。

【拿一杯清水，把乳液倒进水里一点点，如果浮在水面上，证明乳液含油石酯（这是现在化妆品不推荐用的）；晃一晃，水变成了乳白色，证明含乳化剂，

这样的产品是不好的，如果乳液下沉到底部，证明其不含油石酯，这样的产品是可以用的】

首先，没有一种化妆品成分叫作油石酯；其次，只要是乳液，里面必定含有乳化剂，因此只要搅拌，均可以在水中分散。乳液在水中是沉或者浮，只与其配方的比重有关。由于大部分成分的比重和水相差不大，如果乳体中含有一些气泡，必定会浮起来。使用这种方法判断乳液的好坏是不靠谱的。

【在勺里放一点产品，拿火烧，直到完全烧尽，如果有黑色残渣，那就是各种添加剂，越多证明添加剂越多；然后放一根棉芯在勺里，把棉芯点着，你会看到那个水会冒黑烟，这样的产品也是不好的】

任何含碳物质在高温而缺氧时不完全燃烧都会留下黑色的碳，这一反应叫作碳化作用。含有大量有机物的化妆品只要是不完全燃烧，都会有黑色残渣。

【取适量产品放入水中，然后观察其反应，好的产品是不粘杯边、不漂浮、不沉杯底的，粘在杯边的含动物油，漂在水面上的含矿物油，沉在杯底的含重金属铅、汞等】

液态的动物油、植物油、矿物油，比重都小于水，因而会上浮，也可能粘在杯边，而化妆品是否上浮，取决于其整体密度。沉在杯底就有重金属的说法非常可笑。（轮船是钢铁做的，还浮在水面上呢，这种说法让钢铁情何以堪？）

【找个银饰物，把化妆品或者彩妆品抹上去，银饰物变黑就说明化妆品里有铅和汞】

银是容易被氧化的金属，暴露在空气中氧化后就会发黑；银也容易与硫反应形成黑色的硫化银。因此与什么物质接触发黑，并没有特异性，也就没有鉴别作用。

测铅、汞等重金属，需要借助专业的仪器、通过专业的实验来完成。

【很多保湿产品都是矿物油制成的，把它们涂到纸上，过一会儿把多余的擦掉，如果产品保湿的话纸就会起皱，如果是矿物油所制的话你就会发现纸变透明了】

植物油、动物油涂在纸上也会让纸变透明。

那些危言耸听的"真相"

【粉底都含铅】

铅属于禁止添加的物质，故正规的化妆品不可能故意添加铅。"芳泽无加，铅华弗御"确实是指古代女子用含铅的粉以增白（也有用米粉的），而现在的"铅华"只是代指粉而已，并非真的含铅。粉底的主要成分是钛白粉或其他白色粉末。化妆品规范中对铅含量有要求，铅含量也是常规检测项目，没有厂家会冒险去添加铅，却舍用成本更低而且合法的其他粉质原料。

【洗澡时毛孔扩张，污垢更容易深入毛孔将其撑大】

洗澡时，"毛孔打开"不是指物理意义上的变大，而是毛孔湿润，因此更容易清洁；含水量增加使毛孔细腻。洗澡的流水＋沐浴液的表面活性作用不可能使污垢更容易进入毛孔。

【矿物油会致癌】

关于矿物油有各种各样的说法，其中最著名的是矿物油致癌。甚至有人说矿物油被IARC（国际癌症研究中心，属 WHO 下属机构，位于巴黎）列为一级致癌物。

为此我广泛查询了 IARC 发布的相关文献和报告，确认这一说法属于耸人听闻。

真相是：未处理和粗处理过的矿物油（主要用于润滑油、切割等工业领域），是国际癌症研究协会认定的确定致癌物，原因是其中含有大量的多环芳烃（PAHs）。因为职业性接触，长期由肺吸入精炼过的矿物油，会导致肺损害（类脂性肺炎等），但没有导致肿瘤的证据[19]。在皮肤局部使用任何剂量的精炼矿物油（白油）都没有毒性，也没有致癌性。化妆品中使用的均为精炼矿物油，就这数十年来的实际应用来看，矿物油是安全的[20]。

【白天不能吃柠檬，吃了会变黑】

这个说法或许有两个来源：柠檬本含有光敏物质（柠檬烯、香豆素类，其中主要是香豆素类），对光敏感，所以白天吃就会让人变黑；柠檬含有维生素 C，维生素 C 见光死。

其实有句老话，叫"不谈剂量谈毒性是耍流氓"。根据相关研究文献[21, 22]，一天半个柠檬，摄入香豆素的量仅有 28.25μg，也就是 0.02825mg，若要达到致光敏性的水平，至少要吃 353 个柠檬。葡萄中香豆素的含量是柠檬的 2 倍多。假如白天不能碰柠檬的说法成立，那么葡萄更不能吃，这听上去很好笑。

光敏性发生的另一个前提是达到一定的紫外线照射量。如果防晒工作做得足够好，也不必担心这个问题。

至于会不会被太阳晒黑，主要由是紫外线决定的，尤其是 UVA 的照射剂量问题，和吃不吃柠檬没有因果关系。

所以，如果想喝柠檬水，不管白天黑夜大胆喝吧。

小链接

柑橘据说也有大量的香豆素，吃太多会不会导致光敏反应呢？

香豆素主要存在于果皮中，果肉中的含量与果皮相比是非常微量的[23]，没人会连皮一起吃柑橘，所以没有必要担心这个问题。

【鸡蛋和豆浆不能一起吃】

这个谣言的起源是因为生大豆含有胰蛋白酶抑制剂，这种抑制剂会抑制胰蛋白酶（体内消化蛋白质的主要酶）的活性，降低蛋白质吸收，大量摄入会导致人体中毒。但胰蛋白酶抑制剂在豆浆煮熟的时已经被灭活了，因此喝豆浆不会影响蛋白质吸收。

参 考 文 献

[1] Raison C L, Lowry C A, Rook G A W. Inflammation, sanitation, and consternation: loss of contact with coevolved, tolerogenic microorganisms and the pathophysiology and treatment of major depression[J]. Archives of General Psychiatry, 2010, 67(12): 1211-1224.

[2] Boehncke W H, OCHSENDORF F, Paeslack I, et al. Decorative cosmetics improve the quality of life in patients with disfiguring skin diseases[J]. European Journal of Dermatology, 2002, 12(6): 577-80.

[3] Schauder S, Ippen H. Contact and photocontact sensitivity to sunscreens[J]. Contact dermatitis, 1997, 37(5): 221-232.

[4] 顾恒, 常宝珠, 陈崑. 光皮肤病学 [M]. 北京: 人民军医出版社, 2009:207.

[5] Draelos Z D, DiNardo J C. A re-evaluation of the comedogenicityconcept[J]. Journalof the American Academy of Dermatology, 2006, 54(3): 507-512.

[6] Mironava T, Hadjiargyrou M, Simon M, et al. Gold nanoparticles cellular toxicity and recovery: Adipose Derived Stromal cells[J]. Nanotoxicology, 2014, 8(2): 189-201.

[7] Fulton J E. Comedogenicity and irritancy of commonly used ingredients in skin care products[J]. J. Soc. Cosmet. Chem, 1989, 40: 321-333.

[8] Fulmer A W, Kramer G J. Stratum corneum lipid abnormalities in surfactant-induced dry scaly skin[J]. Journal Of Investigative Dermatology, 1986, 86(5): 598-602.

[9] Song Z, Kelf T A, Sanchez W H, et al. Characterization of optical properties of ZnO nanoparticles for quantitative imaging of transdermal transport[J]. Biomedical optics express, 2011, 2(12): 3321-3333.

[10] Michele Verschoore, 刘玮, 甄雅贤, 等. 现代美容皮肤科学基础 [M]. 北京: 人民卫生出版社, 2011:78.

[11] Andrew Weil. 抗衰老指南 [M]. 海口: 南海出版公司, 2011:3.

[12] Busse D, Kudella P, Grüning N M, et al. A synthetic sandalwood odorant induces wound-healing processes in human keratinocytes via the olfactory receptor OR2AT4[J]. Journal of Investigative Dermatology, 2014, 134(11): 2823-2832.

[13] Ohio State University Wexner Medical Center."Gotanitch? Allergy to

moistened wipes rising, says dermatologist." ScienceDaily.www.sciencedaily.com/
releases/2014/03/140303083204.htm (accessed February15, 2016).

[14] Fox M, Knapp L A, Andrews P W, et al. Hygiene and the world distribution
of Alzheimer's disease Epidemiological evidence for a relationship between microbial
environment and age-adjusted disease burden[J]. Evolution, Medicine, and Public Health,
2013, 2013(1): 173-186.

[15] Terry K L, Karageorgi S, Shvetsov Y B, et al. Genital powder use and risk of
ovarian cancer: a pooled analysis of 8,525 cases and 9,859 controls[J]. Cancer Prevention
Research, 2013: canprevres. 0037.2013.

[16] Endara M, Masden D, Goldstein J, et al. The role of chronic and
perioperativeglucose management in high-risk surgical closures: a case for tighter glycemic
control[J].Plastic and reconstructive surgery, 2013, 132(4): 996-1004.

[17] 范轶欧, 刘爱玲, 何宇纳, 等. 中国成年居民营养素摄入状况的评价 [J]. 营养学
报,2012,34(1): 15-19.

[18] Elazab N, Mendy A, Gasana J, et al. Probiotic administration in early life,
atopy,and asthma: a meta-analysis of clinical trials[J]. Pediatrics, 2013, 132(3): e666-e676.

[19] IARC.IARC Monographs on the Evaluation of Carcinogenic Risks to
HumansOverall Evaluations of Carcinogenicity: An Updating of IARC Monographs,
1-42,Supplement7.

[20] Nash J F, Gettings S D, Diembeck W, et al. A toxicological review of topical
exposure to white mineral oils[J]. Food and Chemical Toxicology, 1996, 34(2): 213-225.

[21] J. Schlatter, B. Zimmerli,R. Dick et al. Dietary intake and risk assessment
ofphototoxic furocoumarins in humans[J].Food and Chemical Toxicology, 1991, 29(8):523-30.

[22] Deutsche Forschungsgemeinschaft (DFG), G. Eisenbrand.Risk Assessment
ofPhytochemicals in Food[M].Bonn:Deutsche Forsch Wiley Publishing Inc.,2010:300.

[23] 孙志高, 黄学根, 焦必宁, 等. 柑桔果实主要苦味成分的分布及橙汁脱苦技术研究 [J].
食品科学, 2005, 26(6): 146-148.